十二存單法×貸款優惠

炒金時機×團購交易

錢包自救手冊

存款、消費與保險的理財祕技

喬友乾
才永發 著

財富源源不絕的關鍵

養一個小孩要多少錢？做好婚育計畫就能備妥資金

別看還有幾十年才退休，養老金要從年輕時規劃起

近幾年市場超夯的「黃金」，通貨膨脹也不怕掉價

錢放著雖然不會消失，卻在不知不覺中貶值了；

誰說只有「存」才叫理財，大膽投資讓小錢變大錢！

目錄

前言

我們平民百姓居家過日子，講究細水長流，用金融專業人員的說法那叫理財。那到底怎麼理財，有什麼好的方法來理財？相信大家各有各的高招。我們也經常會聽到很多人說：「自己不善於理財」。其實，在日常生活中，你每天與柴米油鹽打交道，就已經在理財了。過日子理財要從點滴做起，只要留心，時時處處都能省下銀子。

當下，理財越來越受到大家的關注。如果是相同的經濟收入，會理財的能把每月的開支安排的井井有條，雖然薪水微薄但小日子照樣過得有滋有味。

其實，理財不外乎「開源節流」四個字，貧家子弟懂事早，所以節流對於他們來說通常是小兒科，而對於那些從小茶來伸手、飯來張口的富家子弟來說，節流簡直是天大的難事。懂得節流，窮表不窮本，不懂得節流，富表窮本。前者可救，後者不可救。

所以想要過好日子，在理財上必先節流，不節流何來財可理。

那麼如何開源呢？看似有無數種選擇，歸納起來不外乎以下幾種：一是金融投資或投機，包括銀行定存、證券、保險、信託、期貨、外匯、房產等；二是職業投資，包括升學考試、技能培訓等；三是實業投資，包括不動產投資、生意等。

金融投資或投機，說白了，就是玩數字遊戲。職業投資，就是體力、腦力勞動。實業投資，既包括玩數字遊戲，也包括體力、腦力勞動。雖然這些劃分比較粗淺，用詞也可能不當，但大家從中可以得知，理財絕非金融投資或投機一種，不能一談到理財，就只想到買保險、炒股票、購基金。

比如：你有 100 萬元，你全部拿來炒股或炒基金，假設你運氣特別好，連續五年，平均年收益率高達 30%，即每年增加 30 萬元收入。你目前年薪 30 幾萬元，倘若你進一步深造，讀碩士、博士學位，收入能提高到 70 萬元、100 萬元，但是升學費用高達 100 萬元，你該如何取捨？

如果你很年輕，職業前景也不錯，選擇職業投資會更加有利。倘若你聽從了某位金融專業人士的高見，跑去炒股，甚至去炒期貨、外匯，就算你能將 100 萬元炒到 1,000 萬元，可是，你極有可能因為迷戀炒股無心工作，而被公司開除或職業生涯每況愈下。

有誰敢誇口，自己能靠炒股養老？可是你讀個博士，進了很好的工作公司，也許這一輩子都衣食無憂，你那時再來用每月剩餘的錢投資，你說究竟哪條路更好？這樣的抉擇你真的需要請教金融業專業人士嗎？

如果你有經商的頭腦，你可以專心去做實業投資，永遠也不用理會金融投資或投機。

所以，開源之路有千萬條，每個人、每個家庭都應該認真思量自己的長處和短處，做到揚長避短，合理利用各種開源的方法，切不可不自量力，盲目從眾，自己手裡只有幾萬塊也想炒房，可能沒賺到錢，倒把自己一生都套進房子裡，最後連房子都還是銀行的。

再說，人也不能只為了錢而活著，就算你開源和節流的本事都特別大，精於算計，卻當了一生的守財奴，到老時，一生的財富也都是過眼雲煙，當了一輩子的錢奴，你究竟是得還是失？

理財是一門特殊的藝術，很多時候我們缺乏的不是資金也不是機會，而是不善於發現並加以利用的理財工具。從點滴做起開始理財，積沙成塔，只要堅持，你一定會見到成果。還是那句老話，你不理財，財不理你。

本書提供了全面的理財方法和訣竅，共分十三章，從理財觀念、儲蓄、消費、婚育、保險、房產、汽車、教育規劃、投資、旅遊、養老、理財經驗、創業就業等不同側面闡述了理財的具體內容，旨在幫你建立理財意識，掌握理財方法。

貼心的理財顧問，實用的理財讀本。本書將為您打造真實的幸福。

前言

第 1 章
讓你的錢包進化：理財思維全面升級

斬斷貧窮的思想枷鎖

生活中從來不乏這樣的人，羡慕人家在灑滿陽光的大房子裡共享天倫、開著名貴的車子聽著音樂放鬆心情、時不時招呼一幫朋友趁著假期到附近城市來個自駕遊……不過羡慕歸羡慕，摸摸自己的口袋，就知道自己離這樣的生活何止差了十萬八千里。於是抱怨完了上天的不公，回頭接著老老實實「俯首甘為孺子牛」，每天過著上班下班的枯燥生活。

回想當初，自己也曾經是這些「孺子牛」（比喻全心全意為人民服務的公僕）中的一員，每天按部就班，任勞任怨。偶爾有一天靜下心來仔細想想，都是生活在同一個城市的人，為什麼自己和人家的差距會有這麼大！拋卻「富二代」這一特殊的群體，其實大部分人走上富裕的道路全憑自己的努力，聰明好學是少不了的，但更加不可缺少的是一種積極的理財觀念，這才是讓我們們這些「孺子牛」早日脫離貧窮的制勝法寶。從現在開始，摒棄那些曾經讓你甘於平庸生活的想法吧，要想讓生活變得豐富多彩，首先得更新一下你的頭腦，讓理財觀念根植其中，將「貧窮」從你的人生字典裡徹底刪除。

成功學的創始人拿破崙．希爾博士說過：「世界上一切的財富和一切的成功都始於一個人觀念的轉變」。觀念的轉變有多重要，看過下面這個小故事，你就明白了。

一個乞丐心滿意足躺在地上，在他前面有一根討飯棍和一個破碗。

一天，一個穿戴整齊的年輕律師出現在乞丐面前。律師對他說：「您好，您的一個遠方親戚不幸去世了，留下了三千萬美元的遺產。根據我們的調查，您將是這筆財產的唯一繼承人，所以請您在這份文件上簽字，這筆遺產就將屬於您了。」

一瞬間，這個一無所有的乞丐變成了千萬富翁。

有人問他：「得到這筆三千萬美元的遺產後，你最想做的事是什麼？」

乞丐翻身回答道：「我首先得去買一個像樣一點的碗，然後再去買根漂亮的棍子，這樣就可以像模像樣去要飯了。」

可憐的乞丐啊！即使在擁有了千萬遺產之後，他依然還是一名乞丐，最多討飯的工具比別人漂亮一些而已，可這一點都不重要。因為套著一副「貧窮」的心理枷鎖，即使拿著金碗，他也無法逃脫討飯的命運。看到這裡，我們除了對乞丐的做法報以一笑之外，是不是也該檢討一下自己關於理財的一些「枷鎖」呢？比如：我天生就對數字不敏感，一看到數字我就暈，更別提去研究那些種類繁多的理財產品了；理財那都是有錢以後的事情，我現在都快身無分文了，沒什麼可理的嘛；讓我記帳？不行的，根本堅持不了幾天，再說記了也沒用啊，反正我是典型的「月光族」，每月都花光光；我是窮人啊，哪用得著考慮理財的問題，要不等我哪天中了五百萬再說吧……

可愛的「月光公主」們，每個月在百貨裡為名牌服裝、高檔化妝品刷卡的時候固然很爽，可掰著手指等待發薪水去還信用卡債的心情想必也不怎麼好受吧。既然有能力去買新款的名牌服裝，去買一套又一套價格不菲的化妝品，那我建議你立刻轉變自己的消費觀念，並且加入到浩浩蕩蕩的理財大軍中。「你不理財，財不理你」，只有真正對理財「動了心思」，才能掙脫頭腦中「貧窮」的枷鎖，由「月光公主（王子）」成為一個如假包換的理財高手。

專家出招

問：我現在的月薪水很低，每個月除去房租、伙食費、交通費、通訊費等，基本上就沒什麼錢了。請問像我這種情況，應該如何理財呢？

答：

剛踏入社會的年輕人，大多經濟基礎薄弱，如果希望在短期內獲得高額的理財報酬，顯然是不現實的。不知道你的月薪到底有多高，如果每月都所剩無幾，是否有下列因素存在：平時出入經常叫車，或者經常和朋友毫無時間觀念的講電話，或者每月都添置幾款新衣服……一次兩次可能算不了什麼，但時間久了，你會發現其實這是一筆不小的開支。建議你在一些生活細節上注意節省開支，利用業餘時間多學習一些理財知識，了解相關的理財技巧，學會藉助報紙、電視、網路等媒體，多留意財經消息。有計畫的進行儲蓄，每個月將薪水的 20% ～ 30% 存起來，是一種不錯的理財方式。

別再三天打魚兩天晒網，財富需耐心守護

有句話說：「你理財一生，財才能理你一生。」投資理財是每個人、每個家庭的基本需求，如同衣、食、住、行一樣重要。人的一生，不管處在哪個階段，不管是哪種生活需求，都離不開金錢的支撐。放棄理財，也就放棄了成就夢想的重要機會。

架不住我時常嘮叨理財的種種好處，我們朋友中著名的「月光公主」小翊，突然有一天向我們高聲宣布：「從今天開始，我不再做月光公主了，你們就看好吧，五年後的今天，我就是一個名副其實的『財女』！」接下來的日子，小翊煞有介事買了好多關於理財的書，認真研讀，並且不時找我討論：「下月的薪水我打算拿出一半來進行投資，是買基金好呢

還是買股票好呢？要不先去買份保險……」我跟她說，理財不是一蹴而就的事情，不是你今天理財，明天就成了百萬富翁，需要長期堅持。理財的最開始，是要先學會記帳，知道自己的錢都花在什麼地方，月末的時候來個小總結，看哪些錢是可以不花的，在之後的消費中就要盡量避免這些沒必要的開支。至於投資，大可不必操之過急，知己知彼，方能百戰不殆嘛。

一個多月後的一天，我接到了小翊的電話：「我天天都在記帳，可是到月底的時候還是花光了全部薪水，一點節餘都沒有，還理個什麼財啊！我那偉大的理財計畫，原來只是個美麗的肥皂泡泡，只絢爛了一下就『啪』的破滅了。」聽完小翊的抱怨，我只能說一句：「理財，絕非妳想像的那麼簡單，它是一項任重而道遠的艱巨任務。」

其實，理財的最佳方式並非追求高超的金融投資技巧，只要你掌握正確的理財觀念，並且持之以恆，若干年之後 —— 人人都能成為百萬富翁。在理財方面，有三句非常經典的話：每月儲蓄 30% 薪水，先儲蓄，後消費；投資年報酬 10% 以上；年年堅持，堅持十年以上。最後一條最為關鍵，一切貴在堅持。如果理財的效果如此立竿見影，那我們豈不是早就成了百萬富翁？當然，也有一些人曾想過要存一些錢，但是他們總是將每個月的薪水都先用來消費，到月末如果能剩下了就存起來，剩不下就算了，等下個月再存。結果可想而知，明日復明日，最終還是做了月光族。

堅持，是一種可貴的品格，也是許多目標的開始。那麼，理財與堅持又有什麼必然的聯繫呢？事實上，對於理財而言，時間才是根本。尤其是像小翊這樣的白領階層，他們往往只為滿足一時的購物欲望而忽略了理財的必要條件——時間。其實，時間就是成本，任何一種理財產品都需要有時間的保障，需要堅持。正如目前跌宕起伏的股市，一切，都在堅持之中。

理財猶如求知，是一條漫漫長路，延及終身。它要經得起時間的考驗，更要有一顆持之以恆的心。

專家出招

問：我的月收入很一般，周圍同事和我的收入也差不多，但為什麼看上去他們的生活要比我的好很多呢？請問我應選擇哪種理財方式，才能讓自己的生活水準迅速上一個臺階？

答：

俗話說，心急吃不了熱豆腐。理財也是如此，它需要的是正確的方式和耐心的等待。所謂正確的方式，就是作為投資者，你必須認識到投資收益的重要性。比如說，8% 的年收益也許很容易實現，但如果連續四十年收益達到 8%，那就很難了。可是假如你每年存一萬元，年收益能夠保證在 8%，四十年以後，你的總資本將達到驚人的 4.28 億！因此，理財不是一蹴而就的事情，它需要你有恆久的耐心。

情緒穩定，才能邁出理財的第一步

上大學的時候，我承認自己的理財觀念十分淡薄，自認為最成功的理財案例就是將爸媽在開學時一次性發放的生活費傳奇般的花到學期末，期間沒有再向家裡要過一分錢。畢業之後，在周圍同事的薰陶下，才算是對理財有了全新的正確的認知，也開始想著如何才能向理財致富邁出成功的第一步。

在投資理財方面，有收益自然就會有風險。在很多情況下，比如投資股票或不動產，收益的獲得具有不確定性，簡而言之，就是有可能賺錢，也有可能虧本，還有可能就是不賺也不賠。這種不確定性就是我們常說的風險。在進行投資的時候，首先要明白一點，就是收益與風險並存，它們可以說是一對孿生兄弟，相伴而生，如影隨形。世界上沒有低風險、高收益的投資產品，要想獲得高收益，就要有承受高風險的心理素養。

我的同事 Helen 曾是一個狂熱的股票投資者。剛參加工作不久，她就在一家證券公司開戶，投資全部家當買了兩支藍籌股。起初，股市的收益讓她對股票投資信心十足，時常在閒聊時暢想她新年時的馬爾地夫遊，這是她念念不忘的一個夢想。可是，市場變幻莫測，沒過幾個月，她的帳戶出現了虧損。眼看著美夢成為泡影，Helen 自然不甘心就此退出，沒想到的是，隨著時間的推移，她的虧損額越來越大。那些日子，股市的沉浮都顯現在她臉上，下跌的股票使得她情緒十分不穩定，甚至連工作都受到影響。後來在她男友的寬慰以及答應一定幫她實現馬爾地夫之夢以後，她才漸漸從懊惱而煩躁的心理困境中走出來。再後來，她說起這次投資挫折時，不無感慨的對我們說，要想獲利先要強「心」，只有良好的心理狀態才能讓自己成為勝者。

Helen 是幸運而有悟性的，雖然她的理財之路遭遇了一些坎坷，但也有很大的收穫。從這次挫折中，她悟出了一個道理：在當今時代，具備投資理念和一定的理財技巧是十分必要的，除此之外，還要有一顆堅韌的「理財之心」。勝不驕，敗不餒，既是兵家之道，也是理財之道啊！

「學會做一個有耐心的投資者」絕對是邁向成功致富的必經之路。想要追求成功的投資，在進行決策時要遵循下列原則：

1. 將行情趨勢拋在腦後

理財分析師比較喜歡討論未來的市場走勢，然而所有的預測都是準確的嗎？假如你翻開兩三個月的資料，再與這些分析師的預測做個比較，就會發現起碼有一半以上的預測是不準的。既然不準，為何大多數投資人還要持續關注這些分析師的言論呢？因為他們太健忘，而且依賴心理太強。耐心等待、明辨是非是每一個投資者必須建立的觀念，不是說這些資料沒有任何參考性，而是說要對這些資料包一些懷疑的態度，隨時都要檢查其準確度。任何消息和分析都不能夠保證你在不承擔任何風險的情況下穩賺不賠，因此沒有必要每天都盯著大盤，為了在日線圖的起伏中抓住下一秒的變化而抓耳撓腮。

2. 長期投資才能彰顯價值

別再迷信炒短線能夠一夜致富的傳奇了，長期投資是多數人可以掌握的投資祕訣，只要投資期夠長，發生各種不可預測風險的幾率平均分散後，出現超額報酬的可能性也就越大。能夠做到「手中有股票、心中無股價」的確不容易，但是許多投資經驗都表明，頻繁買進賣出，只會增加投資人的投資成本（對於一些大額的投資，做短線頻繁買進賣出的話，只手續費這一項就夠多的），而且還有可能導致更大面積的虧損。所謂「欲速則不達」，說的就是這個道理。

在投資理財方面，一種自負盈虧的心態可以說是投資者最基本的心理素養。投資者應當完全對自己的行為負責，此外，還要根據自己原有的生活狀態量力而行，對自己的能力和心理都有一定的認知，能夠很好把握和調控情緒。在投資遭遇挫折的時候，應當具備一定的反思意識，避免將不良情緒肆意擴散，從而影響到正常的工作或生活。

專家出招

問：最近運氣特別差，剛賣出的股票繼續上漲了，買進的股票卻套進去了，唉！老是這麼忽上忽下的，我的心臟都快受不了了。最近房價一路飆升，請問我是該繼續堅持股票投資還是買幾套房子划算？

答：

相信很多股民都曾有過類似的經歷和迷茫。這就是心態，在股票投資中，投資心態對收益的影響非常重要。不過，你要是真正考慮繼續投資股票還是買房時，首先應該對自己的投資偏好、風險承受能力以及政策環境做一個全盤考慮。買什麼不重要，重要的是心態。做投資尤其能考驗一個人的心態，對於徜徉在資本市場的人們，不僅要賺得起，還要輸得起，因為只要是投資就必然伴隨著風險。建議你不要把投資當成生活的全部內容，避免因資本市場暴漲而欣喜若狂，因暴跌而垂頭喪氣。否則，投資只會成為你沉重的精神負擔。

「我是誰？」——投資者的自我定位

對於普通上班族來說，理財已經成為生活中不可分割的一部分，且不說飛漲的房價讓人明白每一分錢的重要性，就算是偶爾小資一把，最後也得有鼓鼓的荷包來買單。於是，大家高呼著「為優雅生活而努力奮鬥」的口號，風風火火開始了理財投資的生涯，並且不時交流一下彼此的心得體會。情緒之高昂，不亞於當年夢想中一次幾千萬的樂透。

一次閒聊中，同事小艾說起她表姐的一次投資失敗的經歷時，不時發出感慨：這投資是好事，但關鍵還是要搞清楚自己屬於怎樣的投資者，盲目投資，怎一個慘字了得。

小艾怎麼會發出如此感慨呢？經我一問，小艾說起了她表姐的事。

小艾的表姐曾經做服裝生意，賺了一筆錢。一個偶然的機會，她看到一個商業廣場有小面積的商鋪出售，便想買下來轉租出去，心想服裝生意這麼好，房租肯定也低不了。而且商鋪的廣告也打得十分誘人，號稱年報酬率可達 10%，已有多個知名品牌入駐等等。小艾的表姐想了想，這可是一個賺錢的好機會啊！於是拿出了全部的存款，又和朋友借了錢，一次性付清房款，就等著坐享豐厚的報酬了。可是人算不如天算，由於百貨後期經營不善，慘澹的營業額使得那些知名品牌店紛紛撤出，開發商也早就捲錢走人了，只留下這些可憐的小業主們叫苦不迭，商鋪租不出去，仲介掛牌也無人問津。受此重挫，小艾的表姐成天愁眉不展，自己的服裝生意大受影響不說，就連家裡也經常「戰火紛飛」，失去了往日的溫馨和諧。

俗話說得好，「一鋪養三代」，巨大的收益確實吸引了不少人選擇投資商鋪，但我們都知道，有收益就會有風險。商鋪本身的品質參差不齊、所處地段、數量龐大等等，都是潛在的風險因素。如果投資者對商業地產的運作並不熟悉，僅憑開發商一家之言就匆忙投資，這實在不是一個成熟投資者的所作所為。所以建議大家在投資之前，要先明白自己是屬於哪種類型的投資者，在追求高收益的同時，是否也能承受高風險的衝擊。正如一位理財師所說：正確地評估出自己的風險承受能力水準，是明確投資目標和可投資資產的前提所在。

下面這個小小的測試，可以幫助你了解自己到底屬於哪類投資者。

（選 A 的計為 1 分，選 B 的計為 2 分，選 C 的計為 3 分）

①你購買一項投資，在一個月後暴漲了 40%，你會＿＿＿？

A. 賣掉它

B. 繼續持有它，期待未來可能性更多的收益

C. 買入更多，也許會漲得更高

②你購買了一項投資，在一個月後跌去了 15% 的總價值，你會＿＿＿？

A. 賣掉它，以免日後如果它不斷跌價，讓你寢食難安

B. 坐等投資回到原有的價值

C. 買入更多

③哪件事會讓你最開心？

A. 從一個富有的親戚那繼承了 500 萬元

B. 在公開競賽中贏了 50 萬元

C. 冒著風險，投資的 25 萬元基金帶來了 50 萬元的收益

④什麼情況下你會感覺良好？

A. 投資於基金，從而避免了因為市場下跌而造成的一半的投資損失

B. 你的股票投資翻了一半

C. 你的股票投資翻了一倍

⑤鄰居組織集資，如果成功，會帶來 50 ～ 100 倍的投資收益，如果失敗，所有的投資一文不值，你的鄰居估計成功機率有 20%。你會投資______？

A. 一個月的薪水

B. 六個月的薪水

C. 一年的薪水

⑥你現在有機會來買一塊土地的部分期權，期權價格是你兩個月的薪水，你估計收益會相當於十個月的薪水。
你會______？

A. 隨便它去，和你沒關係

B. 購買這個期權

C. 聯絡朋友購買這個期權

⑦在下面的投資中會選擇哪項？

A.100% 的機會獲得 2,000 元

B.50% 的機會獲得 5,000 元

C.20% 的機會獲得 10,000 元

⑧假設通貨膨脹率目前很高，硬通資產如稀有金屬、收藏品和房地產預計會隨通貨膨脹率同步上漲，你目前的所有投資是長期債券。你會______？

A. 繼續持有債券

B. 賣掉債券，把一半的錢投資基金，另一半投資硬通資產

C. 賣掉債券，把所有的錢投資硬通資產

⑨在一項博彩遊戲中，你已經輸了 500 元，為了贏回 500 元，你準備的翻本錢是多少？

A. 不玩了，現在就放棄

B.100 元

C. 超過 500 元

測試結果：

9 ～ 14 分，保守型投資者；

14 ～ 19 分，穩健型投資者；

19 分以上，積極型投資者。

專家出招

問：不同性格的投資者分別適合什麼樣的理財投資品種，能不能幫我介紹一下。

答：

一般來說，保守型的投資者可在關注儲蓄、公債、保險等基本理財品種的基礎上，嘗試一些新的

理財方式，比如風險較小的基金、購買少量股票等略帶激進的投資理財方式。

穩健型投資者善於花時間專攻理財，既注重理財方式的實用性，更注重理財的長遠規劃與收益。這類投資者的理財主張以安全和長期收益為主，與其他投資者相比，更加青睞專業理財機構的服務。因此，他們會選擇一些風險和收益居中的理財品種。

積極型投資者在理財投資方面勇於嘗試一切新的方式，信奉高風險高收益的原則，喜歡選擇短線投機式的理財投資方式。有勇氣固然是好事，但要先改掉盲目衝動、喜歡跟風的投資壞習慣。建議此類投資者在開始的時候最好選用傳統的理財手段，按照理財規劃按部就班進行理財投資，等到投資心態比較成熟後在進行理財新產品的運作。

自己的財自己理，別隨便跟風

隨波逐流是很多人的習慣，在生活中處處可見隨波逐流的人。就說小時候上的那些才藝班，很多都是跟風的產物，這個暑假都一窩蜂似的去學繪畫，寒假又去練書法，來年又結伴去彈古箏……試問，有多少是出於孩子自己真正的意願呢？跟風的結果，就是我們沒有成為琴棋書畫樣樣通的少年菁英，而無憂無慮的童年，也隨著這樣的跟風浪潮悄然遠去。

很多人在理財中，也有類似的跟風心理。別人投資股票，他也一下扎進股海中；別人去買基金，他也十分積極排隊去買，而事實上，他可能連基金是什麼都說不清楚；別人炒房子賺了錢，他也開始蠢蠢欲動……這種盲目跟風的結果，多半是「賠了夫人又折兵」，不但沒有得到預期的收益，反而連老本都搭了進去。

孟姐在我們公司屬於投資理財比較早的人。好幾年前，她就開始涉足股市，並且收益頗豐。當時股市的火熱程度大大超出了人們的想像，而基金市場也趁勢火了一把。那時候有好多人勸她買點基金，可是當時她對基金不甚了解，因此沒有立即行動。之後有一天，孟姐拿著 50 萬元去郵局存錢，準備作為兒子上大學的費用。到了郵局一看，有一個窗口排了特別長的一條隊伍，其中不乏兩鬢斑白的老年人。此情此景讓孟姐感到有點驚訝，一位阿姨很熱心的和她說這些人都是來買基金的，就連郵局的工作人員也說把錢存起來不如買基金划算。

孟姐一看這陣勢，不得了啊，連老年人都來買基金了，他們都敢買我還怕什麼？於是頭腦一熱，也排在了買基金的隊伍中。結果呢？孟姐當即開了戶，把 50 萬元都買了基金，並且回家惡補了一陣子關於基金的知識。在熬過了三個月漫長的封閉期後，孟姐的基金淨值上漲了 0.1 元左右，她不禁興奮起來。然而時隔不久，風雲突變，股市的大幅震盪使得基金淨值也在大幅滑坡，孟姐投資買的基金不但沒有賺到錢，而且還虧了不少。她開始為自己的盲目投資感到懊悔，特別是每次面對兒子的時候，內心更是充滿了自責。有一段時間，孟姐一直和我們唸叨：「都是跟風惹的禍啊，兒子的學費就這樣被我花在了基金上。」

「隨波逐流」和「聽別人推薦」是新入市者投資行為中很常見的現象，就連涉「市」頗深的孟姐都沒能倖免。這兩種現象可以說是「兵家大忌」，尤其是對於一些新手而言，他們尚未掌握基本的投資知識，只是聽別人隨口一說，就急於開始投資，並且對周圍一些收益較好的投資者、專業證券機構有一種盲目的信任和崇拜心理，這都是非常不理智的。這種崇拜心理導致他們進行投資時，經常會出現僅聽別人推薦就購買某支股票或與大多數人購買相同股票的情況。

不可否認，有部分投資者確實比較懶，自己不去鑽研，專門愛打聽小道消息，是典型的「牆頭草」。建議這樣的投資者不妨先從小額付出開始，試試水溫，不要全部殺進去。寧可小賺也不要大賠，投資可不是冒險，務必給自己留條後路。

任何投資行為都存在一定的風險，投資者只有在了解自己、了解市場的基礎上才能做出適合自己的投資決策，任何盲目聽從他人意見或者「隨波逐流」的行為，非但不能降低投資風險，而且還會給自己的投資帶來更大的損失。

專家出招

問：我剛開始涉足投資領域，如果只投資一種產品類型，風險會不會小一些？

答：

一般來說，我不太認同這種單一的投資方式。如果把資金全部集中在某一類理財產品，既不能有效防範投資風險，也難以獲得理想的收益。建議你不妨嘗試一下多樣化的投資組合，不要把資金全部投在股票或者其他風險過高的理財產品上，如能在其中搭配一些穩健的理財品種，收益會更好一些，風險也能相對降低一些。

有了目標，才有錢路上的動力

《禮記．中庸》有云：凡事豫則立，不豫則廢。從小，我們就被教導做事情要有計畫，要有目標。這句話用在理財上依然適用。理財的目標，不是淺顯的理解為投資一檔股票要獲得百分之多少的收益，或者手裡的這筆錢要在幾年內翻幾倍，而是一個生涯規劃的目標。八年級生很多已經成立了自己的家庭，或者為人父母。擺在這些人面前的理財目標，主要不外乎這幾個：買房、買車、子女教育、醫療保險等。

陳辰是我的好朋友，今年三十歲，是一所學校的英語老師，丈夫三十二歲，在一家私人企業任部門經理，他們有一個五歲的女兒，在讀幼稚園中班。這個小家庭月收入大約 10 萬，目前有銀行存款 150 萬，股票 25 萬。讓陳辰感到困惑的是，雖然月收入不算少，可是這幾年幾乎沒存下什麼錢，那些存款還是結婚後兩三年的積蓄。自從女兒出生後，家裡的開支越來越大。她想合理規劃一下未來的生活，可是又覺得力不從心，不知從哪規劃比較好。

鑑於這種情況，我建議她先設定幾個簡單的理財目標 —— 五年之內，購買 900 萬元的房子一套；為女兒儲備 100 萬元的教育資金；雙方父母的養老醫療費用預計每年 20 萬元左右，而且有逐年成長的可能。在明確了這些理財的目標之後，陳辰對未來的日子不再是一片迷茫了，而且她非常有信心在規定的時間內實現自己的理財目標。

結合理財計畫，她決定從家庭存款中拿出 100 萬來作為購房資金，餘下的 25 萬作為女兒的教育資金，剩下的 25 萬作為家庭日常開銷儲備。對於每月 10 萬元的收入，她也有合理的規劃，既有存到銀行的部分，同時還有為女兒儲存的教育資金，除了這些，才是日常生活的開銷。如有節餘，還可投資股票或基金，獲得更多的收益。經過此番規劃，陳辰覺得生活的壓力小了很多，未來的日子也更值得她去拚搏，去期待。

除了要明確自己的理財目標，我還提醒她必須注意一點，即理財目標並不是一直不變的。比如：在樓價持續高升的今天，購房的理財目標必然會受到一定的衝擊，而相對應的理財規劃也必然需要進行適當的調整。當然，不管理財規劃有怎樣的調整，都是服務於自己所設定的理財目標，都是為了早日擁有屬於自己的美好生活。

一般來說，家庭理財主要具有四大目標：

◆ 家庭資產增值

資產增值是每個投資者共同追求的目標，理財就是把資產合理分配，並不斷累積財富的一個過程。

◆ 保證資金安全

資金安全包括資金數額的完整以及資金價值的保值，即保證資金不會因為虧損或貶值而遭受損失。

◆ 防禦意外事故

正確的理財計畫能幫助我們在風險中將損失降到最低。

◆ 保證老有所養

及早制定合理的理財目標，能保證我們的晚年生活富足而獨立。

如果你還沒有一個明確的理財目標，那我提醒你從現在開始，趕快為自己制定一個合理的理財目標。只有這樣，才能使你的理財行為更加有的放矢，才能保證你在若干年之後，確實過上今天你所希冀的生活。

專家出招

問：我是一個五歲孩子的母親，想在孩子高中的時候把他送到國外去讀書。請問，我該如何制定自己的理財目標？

答：

就我個人認為，首先，妳要預算一下十年之後孩子的學費和生活費大約需要多少錢，籌備這些錢需要幾年的時間，用哪種理財方式可以達到？其次，建議妳先設定一個短期目標，在這一短期目標實現之後，再有針對性的準備、實施中期和長期目標。一般來說，切實可行的短期目標比較容易實現，可以成為妳堅持下去的動力。

不論有錢沒錢，資產分配不能少

資產分配是個人理財規劃的關鍵所在，又被稱作理財的精髓。人在不同的生命週期和不同時期，對財富會有不同的需求，這就要求我們在規劃理財投資的時候，把資產科學、合理地配置到不同的理財管道及產品上進行投資理財，只有這樣，才能使財富不斷滿足各個時期的需求。有理財師為我們提供了一些簡單易行的資產分配方法，比如「4321」法則，就是收入的 40% 用於供房和其他方面的投資，30% 用於家庭生活開支，20% 用於銀行存款以備應急之需，10% 用來購買保險。這是一種穩紮穩打型的資產分配方式，適用範圍很廣。當然，不同類型的人有不同的資產分配方法，不能一概而論。

話說回來，資產分配為什麼這麼重要呢？簡單來說，主要有以下幾方面的原因：

1. 人生不是一場演出，它沒有彩排

生命之所以珍貴，是因為它對於每個人來說只有一次。因此，不管你有錢沒錢，你只有一次機會來演繹你的人生。假如你的某個時期沒有做到最佳的資產分配，那你只有後悔的份了，因為這一時期永遠都不會重來。所以，資產分配很重要。

2. 交易成本的存在使那些過度分散的資金效率降低

大家都明白，資金的分散使用可以降低單一資產出問題的風險，但資金分散有一個很大的弊端，就是配置任何資產都有成本，如果配置的種類多了，交易成本也會隨之上升，這樣一來，資產效率就會大打折扣。舉個簡單的例子，我有50 萬現金，如果只拿 5 萬來炒股，只能按照正常佣金、費率交易；而如果全部拿來炒的話，找個熟人也許還能打個折。所以，對於資產有限的投資者，資金太過分散會降低收益。

3. 資產分配不但具有科學性，更具藝術性

即便懂得分配的重要性，謹小慎微，也不見得就能做好分配。因為資產分配更像是一門藝術，並不是懂得越多，分配得就越好。舉個例子：某人花了 600 萬買了一套住房，兩年後賣掉房子買股票，一年後賣掉股票，再一年年底再買房或股票，這位理財達人的資產至少能翻一倍；若是反過來，先年買股票，兩年後賣掉買房，然後賣房買股票，最後再把股票賣掉，那估計他現在連吃飯問題都難以解決了。

資產分配雖然是門藝術，但要做好也不是無章可循。若要合理分配資產，在投資理財過程中不妨遵循以下三個原則：

(1) 安全性

無論投資何種產品，都要遵循安全性第一的原則。進行投資理財的目標是使個人或家庭財務保持健康良好的狀況，並且要做到保證日常生活所需的同時爭取獲得更大收益。在這樣的要求下，資產的安全性是保證各項目標任務實現的基礎。

(2) 流動性

我們都是凡夫俗子，既免不了生、老、病、死，同樣也需要吃、穿、住、行，所以在進行資產分配的時候要做到既保證現在又兼顧未來，以防出現緊急情況時措手不及。現金以及容易變現的資產分配要有一定比例，教育、住房、養老要儘早規劃，保險也是不可或缺的一項家庭投資理財方式。

(3) 收益性

說白了，我們們普通老百姓之所以積極參與投資，就是為了獲得收益，讓以後的生活更加有保障。因此在資產分配過程中，必須堅持風險理財產品與風險極低的理財產品相結合的原則，堅決避免為了追求高收益而置風險於不顧的資產分配方式。

附：幾種投資方式的比較

	風險性	收益性	流動性
銀行存款	低	低	強
公債	最低	中	弱
股票	高	高	強
貨幣市場基金	低	中	強

專家出招

問：請問，在金融危機的大環境下，個人在穩健投資方面選擇什麼樣的產品比較好？

答：

固定收益產品或穩健型產品應該是家庭資產分配的一個主流。在選擇產品方面，銀行的固定收益產品——投資貸款類的產品（信貸類理財產品）是較好選擇。因為銀行理財產品的利率成本比貸款利率成本要低，所以相對而言，投資這類產品的利率風險比投資債券的利率風險要小得多。此外，各銀行推出的貨幣市場基金相關產品，是貨幣市場基金或活期儲蓄很好的替代品，也是投資者可以選擇的。

隨人生階段變化，理財策略要與時俱進

為什麼隨著時間的流逝，我們會越來越懷念童年的時光？總是在不經意間，那些美好的片段猶如電影一般在腦海中一一閃現，幾十元的冰棒、糖果、學校的白襯衫……童年之所以美好，除了可以無憂無慮在父母懷裡撒嬌，另外一個重要原因就是不用面對殘酷的現實，也不用為了一份僅夠糊口的工作而披星戴月。

儘管不捨，我們還得面對長大的現實。到了具有獨立的經濟能力的時候，就該考慮如何籌劃人生，如何根據不同的人生階段來制定不同的理財方案了。

如果你對未來的理財方式還有些不確定，不要緊，接著往下看，總有一個理財階段剛好符合你現在的理財需求。

1. 意氣風發的單身階段

這一階段的主要人群是大學在校生以及剛踏入社會的單身青年。通常情況下，從開始工作至結婚大約為 5 ～ 8 年。人群特徵主要表現為年輕、有活力，文化水準較高，對新生事物有濃厚的興趣，追求流行。經濟收入較低而花銷較大。

◆ 適宜的投資風格

此階段人群由於資金較少，風險承受能力也較低，比較適合保守型的投資風格。

◆ 理財觀念指南

這一階段的人有些比較喜歡刷卡購物，應盡快建立正確的理財觀念，確定理財目標。

◆ 小小建議

很顯然，這一時期是未來家庭的資金累積期，因此理財的主要內容是努力尋找高薪機會並踏實做好工作，投資目的不在於獲利而在於累積資金，即以儲蓄為主。此外，可拿出小額資本進行高風險投資，以累積投資經驗。當然，存錢才是最關鍵的，因為無論是將來結婚，還是進一步投資，都需要一筆不小的資金。此時，由於負擔較少，投在保險上的資金可以相對少一些，目的主要是避免因意外導致的收入減少或減輕中斷後的負擔。還有就是要養成合理的消費習慣，一個好的消費習慣可讓你受益終身。

2. 甜蜜溫馨的二人世界

這一階段的主要人群是寶寶尚未誕生的新婚夫婦。通常可持續 1 ～ 5 年，即從結婚到寶寶誕生，二人世界就此結束。人群特徵主要表現為經濟收入穩步增加，生活較穩定，家庭已經具備一定的財力和簡單的基本生活用品，但如果想提高生活品質，還需要較大的家庭建設支出。此外，貸款買房的家庭還須每月支付一筆數目不小的房貸。

◆ 適宜的投資風格

此階段人群有一定的風險承受能力，更加注重投資收益。比較適合溫和進取型的投資風格。

◆ 理財觀念指南

這一階段購房、購車的需求日益強烈，理財觀念初步形成。

◆ 小小建議

如有餘錢可以適當進行投資，但最好選擇安全的投資方式，如儲蓄、債券等。另外，為避免因人身意外而導致房屋供款中斷的情況，一定要拿出小部分錢買一份保險，一些繳費少的定期險、意外保險、健康保險等都比較適合。

3. 充滿希望的三口之家

這一階段的主要人群為青壯年人士，一般為 9 ～ 12 年，即從寶寶出生直到上大學這一階段。人群特徵主要表現為在經濟上、生活方式上都趨於穩定，對未來的生活安排和人生目標也有較為清醒的認知。

◆ 適宜的投資風格

此階段人群有較強的風險承受能力，投資品種日趨多樣化。比較適合進取型的投資風格。

◆ 理財觀念指南

日常消費穩定，為子女教育、投資增值做足準備，並保持合理的流動資金，以備他用。理財意識很強，理財需求迫切。

◆ 小小建議

這一時期，家庭的最大開支是寶寶的學前教育、智力開發以及醫療保險費。同時，隨著孩子的成長，其自理能力日漸增強，年輕的父母精力充沛，時間相對充裕，在投資方面可考慮以創業為目的，或者進行風險投資。此外，人到中年，身體的機能明顯下降，在保險方面，可選擇養老保險或重大疾病險等等。可與保險代理人聯絡，了解適合自己的險種。

4. 碩果累累的流金歲月

這一階段的主要人群為中老年人士，指子女開始工作到家長退休為止這段時期，一般大約 15 年左右。人群特徵表現為子女業已成年，有了自己的生活空間。生活壓力逐漸減輕，事業達到高峰，開始為退休生活和保持健康做準備。

◆ 適宜的投資風格

此階段人群具有較強的風險承受能力，但更加注重投資風險。比較適合均衡型的投資風格。

◆ 理財觀念指南

最好能夠更多累積財富，以保障自己和愛人退休後的生活品質和醫療費支出。

◆ 小小建議

這一時期，理財的重點是擴大投資，但由於已進入人生後期，萬一風險投資失敗，會葬送一生累積的財富，所以不宜過多選擇風險投資的方式。保險是最穩健、安全的投資工具之一，雖然報酬偏低，但透過保險可以讓你辛苦創立的資產完整留給後人，這才是最明智的。

5. 無怨無悔的老年時光

這一階段的主要人群是退休後的老年人士。孩子已完全獨立，正是享受一生耕耘成果的時候。此階段的理財原則應當以身體為主，財富次之。

◆ 適宜的投資風格

此階段人群的風險承受能力較低，盡量避免較大的風險投資。比較適合溫和保守型的投資風格。

◆ 理財觀念指南

可以將大部分閒錢存起來，買公債或者買點開放式基金，追求風險較低的投資收益。

◆ 小小建議

對於那些經濟不太寬裕的家庭來說，應合理安排晚年醫療、保健、鍛鍊、旅遊等各項開支，投資和花費可以表現得更為保守，因為「保本」在這個時期比什麼都重要，最好不要再進行新的投資，尤其避免風險投資。

專家出招

問：我剛踏上工作職位，月收入有 3 萬元，沒有負債，每月的日常消費最多 1 萬元。目前，我想做些中長線的投資，讓自己的收入有所增值。請問，您能不能就我的現狀為我制定一個合理的理財計畫？

答：

根據你提供的資料，你剛開始工作，並沒有太多的存款，但每月的盈餘有 2 萬元左右，這很難得。建議你每個月先拿出 5,000 元來進行儲蓄，存期一年即可。這些儲蓄金可以作為你的應急資金，也可作為以後的創業啟動資金。剩餘的 1.5 萬元，你可以試著做基金定投，進行長期投資。

定投需要注意這幾點：首先，選擇那些波動幅度比較大的指數型基金，長期堅持下去，應該能獲得高於市場平均值的收益，而且風險較小。其次，不要在銀行購買定投，一方面因為銀行代理的基金品種太少，而且最適合定投的基金（指數型基金）在銀行幾乎沒有銷售，只有證券交易所才代理。另一方面，銀行的定投在很大程度上是定時定額，缺乏靈活性，對你的收益會造成一定損失。此外，建議為父母買一份壽險產品。保額高低並不重要，但一定要在受益人一欄中寫上父母的名字，你的孝心會讓父母感到無限的欣慰。

第 2 章
沒你，存款怎麼撐下去：
儲蓄攻略

存錢大法：月薪到底應該存多少？

「我剛開始工作的時候，生活簡直是水深火熱啊！薪水低，開銷大。朋友、同事間的各種應酬是少不了的，再陪女朋友逛幾次百貨，一個月的薪水就所剩無幾了。幸好我還沒來得及辦信用卡呢，要不然早就欠了一屁股債了。」

每次和我說起剛踏入社會那段捉襟見肘的日子，飛哥就有點「不寒而慄」。其實那個時候我們的情況都差不多，收入低，花銷大，基本都是月光一族。而且對什麼存款啊理財啊都沒概念，一到月底只盼望著發薪水的日子，簡直望眼欲穿。後來，迫於現實的壓力，我們也開始打起了理財的小算盤，從儲蓄開始，慢慢學著打理手中的每一分錢。

當我們對理財還停留在感性認識的階段時，儲蓄無疑是最理智的一種選擇。雖然節儉創造不出富翁，但卻是實現富翁之夢不可或缺的過程。因此，好好計劃支出，可為未來積攢一大部分資本。另外，手頭留一些備用資金以備不時之需，也是十分必要的。對於剛剛踏上理財之路的朋友們來說，只需牢記一條：無論收入多少，一定要將一部分錢存起來。至於存多存少，除了依據個人的具體情況而定，你可以參考一個非常有用的存錢法則：每月先儲蓄 30% 的薪水，剩下來的才進行消費。你可別小看這一法則，這可是哈佛大學第一堂經濟學課所教授的重要概念。

哈佛出身的青年人，後來都過著比較富足的生活。這跟他們的自身能力不無關係，但最重要的還是受一些觀念和行為的影響。在他們中間，無論收入高低，每人都遵循一個財務上的指標：將收入的30%用作儲蓄，剩下的錢再用於消費！

每月儲蓄的錢在他們看來是一項最重要的財務目標，只可超額完成而絕不能減少。這和我們通常習慣的先消費，然後在月底將節餘部分存入銀行的做法大相徑庭，因而在個人理財方面的收穫自然也有天壤之別。

關於儲蓄的重要性，約翰·戴維森·洛克斐勒也曾對世人有過類似的忠告：儲蓄是非常重要的，如果沒有一定的儲蓄，我們的很多計畫都將毫無意義。機會存在於各處，但只提供給那些手中有餘錢的人，或是那些已經養成儲蓄習慣的年輕人。

對於朝九晚五的月薪族來說，儲蓄需要有一定的毅力，貴在堅持。從現在開始，在你拿到一筆薪水之後，第一件事就是提取出其中的一部分存入銀行帳戶。如果存入薪水總額的 30% 的確會讓你接下來的生活非常拮据，那麼靈活一點，存 20% 也無可厚非。總之，不管存多存少，一定要存，這不是幾百塊錢的事情，而是你理財觀念的一大轉變。

另外需要注意的是，在你拿到薪水之後，必須先存款後消費，否則存款大計就會泡湯。我無法相信你對著厚厚的錢包而毫無消費之意，因為我也不能。所以，每月先存錢後消費，就會被迫節省一些不必要的開支。

剛開始存款的時候，或許你在心裡還有一些糾結，畢竟在很多時候，出手不能像以前那麼闊綽了。但當你堅持一段時間之後，存摺上的錢一定能給你一個不折不扣的驚喜。

專家出招

問：女朋友對我下達了個任務：每月的薪水必須拿出 30% 存進銀行。一下子削減那麼多開支，對我來說簡直太痛苦了，請問有沒有一種比較緩和的儲蓄方式？

答：

如果每個月的存款占總收入的 30% 讓你感到十分痛苦，那也不要緊，你可以選擇一種循序漸進的方式，即使最後達到儲蓄 20% 的標準也不錯啊。比如：你可以先存下薪水總額的 10%，然後第一個月只減少 1% 的開支，並把它存入你的「財務獨立」帳戶；等到第二個月，你試著減少 2% 的開支，並立刻把它存起來；再下個月就存 3%……由於每個月減少的開支數目並不大，所以幾乎影響不到你的生活品質。而堅持了一段時間後，你就發現自己可以成功將每月收入的 20% 用於儲蓄了。儲蓄，其實就是這麼簡單！

金融卡「瘦身術」——少一點卡，心靈多一點自由

金融卡的便捷以及強大的功能使得人們對其青睞程度越來越高，隨便一個錢包裡，最引人注目的永遠是那些花花綠綠的金融卡，什麼金卡、銀卡、聯名卡……知道的覺得它們是你理財的好幫手，不知道的還以為你有收藏金融卡的愛好呢。殊不知，這些名目繁多的各類卡並非「韓信點兵，多多益善」，在不知不覺中，它們就可能「侵吞」了你不小的一筆錢！這可不是危言聳聽，個中原因容我慢慢道來。

如果有人問你，為什麼你需要辦這麼多的金融卡？你會有充足的理由回答他：這些卡各有各的用途啊，這張是日常消費用的，這張用來扣繳住房貸款，這張是代繳水電費的……的確各有所需。另外，有些朋友為了取款方便等原因，還辦有分屬不同商業銀行的卡。這麼多的卡，表面上看是給自己帶來了方便，但實際上並不利於個人資金的管理。

假如，我是說假如啊，很不幸有一天你的錢包成了小偷的囊中之物，這時你得把這些卡一張張登記掛失，如果碰巧連身分證一起弄丟了，那就要困擾很多天了。當然，丟錢包這種事情並不是時常發生的，最好一次也不要發生。但你不能不知道現在的信用卡都要交年費，如果信用卡太多，這也是一筆不可忽略的支出！

聽我這麼一說，你可能會問，那金融卡到底怎麼用才合理呢？目前，金融卡的綜合服務功能越來越完善，你只需到銀行開辦「一卡通」業務，用一張卡即可囊括領錢、繳費、轉帳、消費等所有功能。因此，對於不同功能的金融卡，你只需在銀行工作人員的指導下，盡量將多張卡的功能進行整合即可；而至於選擇哪家銀行，可以根據自己的使用體會進行綜合比較，最終選定一家用卡環境好、服務優良的銀行。

在申請信用卡時，你可以選擇自己的代發薪水銀行，這樣就可用代發薪水卡辦理自動還款，省心又省力；水費、電費的扣繳，就交給辦理房貸的銀行吧，每個月的固定支出憑一張帳單就可以一目了然；至於那些不常用的卡，可以到銀行辦理手續，取消信用卡的服務功能；如果是已經不用的卡，那就直接到銀行銷戶。

如此，為錢包裡的卡片進行一次徹底的「減肥」行動，只留兩三張為自己「量身定做」的、功能齊備的金融卡，不但提高了個人資金的管理效率，而且在信用卡收費時更可高枕無憂了。

專家出招

問：請問，一般情況下個人擁有幾張金融卡就足夠支付各種日常開銷了？

答：

金融卡的多與少，主要還是視個人情況而定。但一般來說，一張簽帳金融卡、一張信用卡就足夠了。這樣在儲蓄方面有一定利息（相當於活期存款的利息），也可以適當消費；信用卡則是可在購買大件物品時進行貸款，以備不時之需。

儲蓄的門道，必備基本知識

儲蓄是一種最基本的理財方式，也是走上致富之路的第一步。把部分資產放在銀行裡，不但可以積少成多，使小錢變成大錢，而且還可以在急需用錢的時候提取出來，以解燃眉之急。

可是話說回來，有好多人根本就瞧不上這第一步，我的同事小趙就是其中一員。每月領到薪水，我都會先拿出其中的 30% 存到一個固定的銀行帳戶裡，剩下的才用於這個月的各種消費。對於我的這種行為，小趙的第一反應就是嗤之以鼻，「這都什麼年代了，投資方式那麼多，你幹嘛偏偏選擇這種獲利最少的呢？瞧瞧人家，炒外匯的炒外匯，炒黃金的炒黃金，你落伍了吧！」

誰說儲蓄就是落伍的表現？難道你沒聽說過「集腋成

裘，聚沙成塔」的道理麼，誰真正出局了還不一定呢！儲蓄裡面的學問多著呢，夠你慢慢消化的。

首先，選擇一個安全、可靠的儲蓄機構。

把自己的錢放「別人的口袋」裡，最先考慮的當然是安全、可靠的問題了。在選擇儲蓄機構的時候，你可以選擇大中型儲蓄所。當然，存取方便也是必須考慮的一個因素，從這一角度考慮，你可選擇離家或公司較近，或營業時間適合自己存取款的儲蓄所。

其次，注意各種資訊的安全和保密。

存款時，點好現金，與所填金額核對相符後，再交給服務員，接到辦好的存摺後，要立即核對戶名、存取金額等內容，以免出現差錯；取款時，應當面清點現金，特別需要注意的是，存取款等候時不要離開櫃檯，以免存摺或錢被他人錯領。還有就是不要對外曝光存取款數目，辦完業務後，保管好現金和存摺，避免讓別人看清你存摺上的帳號、戶名、金額。尤其是密碼，你自己可得記好了！設置密碼的時候，最好選對自己來說比較有紀念意義的數字，印象深、容易記住，但避免用生日，也不要即興發揮。現在還用生日當密碼，別人會把你誤認為是史前人類；即興發揮的密碼，你能保證時間一長不會忘得一乾二淨嗎？密碼很關鍵，設置需謹慎！

第三，對各種儲蓄技巧了然於心。

◆ 留有一定的活期存款

無論在什麼時候，都要保證金融卡上有一定的活期存款，存款數額保持在三個月的家庭支出額為宜。比如家庭月支出額為 2 萬元，則活期存款應保持在 6 萬元左右。

◆ 盡量減少利息的損失

以定活兩便的儲蓄方式為例。很多人選擇這樣的儲蓄方式，是因為它既有定期之利，又有活期之便。這種儲蓄方式利益最大化的技巧主要是確保存期大於或等於三個月，就可以減少利息的損失。

學會儲蓄，是通往致富的第一步。雖說做好儲備，未必能夠成為富翁，但若拋棄這種最基本的理財方式，可能永遠都無法實現富翁的夢想。

專家出招

問：我現在有 10 萬元的閒置資金，可以如何存款？又能賺多少利息？

答：

你可以把這 10 萬元先存成三年期的定期存款，假設以三年期的利率為 1% 計算，到期後本息合計為 103,044 元，然後連本帶息再次轉存為三年期定期存款，到期後本息合計為 106,181 元，然後再連本帶息再次轉存為第三個三年定期存款，到期後本息合計為 109,413 元。平均一年可多賺一千多元。

活期 vs 定期：如何做出最「活」的選擇？

看到這個標題，你可別嚇一跳，我們討論的不是哈姆雷特那個經典問題：「To be, or not to be, that is the question」，而是一個關於儲蓄的常見問題：活期存款與定期存款，到底哪一個更好。

其實，這兩種存款方式各有千秋，不能說哪一種更勝一籌，而在於哪一種更適合你。沒有最好的，只有最適合的，這個觀點適用於很多場合，比如找工作，比如談戀愛等等。精妙之處，自己慢慢體會便是。

先來認識一下活期存款。所謂活期存款，是指不規定存款期限，客戶可以隨時存取的存款。開戶時一元、十元起存，多存不限，一個活期存款帳戶可以存入多種不同貨幣的活期存款。其特點是，客戶可以根據自己的需求隨時存入、隨時取用，方便靈活。

活期存款的優勢顯而易見 —— 方便快捷，但利息相對較低，比較適用於個人生活待用款和暫時不用款的儲存。

下面，再來說說定期存款。定期存款是指存款戶在存款後的一個規定日期才能提取款項或者必須在準備提款前若干天通知銀行的一種存款方式，期限可以從三個月到三年不等。一般來說，存款期限越長，利率也就越高。與活期存款相比，定期存款具有較強的穩定性，但如果在約定存期之前取出的話，取出部分的利息就只能按取出之日的活期利息來算了。定期存款用心計算，也可以使利息收入最大化。

這裡再為大家介紹一種「對分儲蓄法」，具體做法就是將較大筆的存款對分為多筆數額較小的存款，然後根據自己對再次升息的預期而選擇存款期限。比如：你若判定在半年之內會再次升息，就可以將大額存款化為數額對等的多筆存款，並將這幾筆存款都定為同樣期限。當升息既成事實，你就將其中的一半存款提前取出再存為定期存款，那麼這幾筆存款就可以提前享受較高的利率；剩下的一半存款繼續使之存到到期日。這種儲蓄方法既確保了存款的靈活性，又可取得多於之前定期存款的利息。但有一個前提 —— 對升息把握較準。

說了這麼多，就是要告訴大家，無論是活期存款還是定期存款，各有各的好處。如果能夠很好的計算利息這筆帳，都可以讓收益實現最大化。

專家出招

問：請問，在確定存款期限的時候，都有哪些需要考慮的因素？

答：

一般來說，確定存款期限需要考慮三方面的因素。其一，估算你動用本金的時間；其二，當前的利率水準及變動趨勢；其三，除了儲蓄存款，你是否具有其他應急資金來源。比如：身邊的現金、信用卡或活期存摺上的資金等。

閒錢下蛋：十二存單法讓錢生錢

對理財有一定認識的人，一般都知道這個很經典的儲蓄方法 —— 十二存單法，也叫月月儲存法或定期循環儲存法。這種存款方法不僅能夠說明普通家庭累積資金，而且還能最大限度地發揮儲蓄的靈活性。

十二存單法操作起來其實很簡單，說實話，我也是十二存單法的直接受益者。想當初我大學打工時，薪水只有一萬多元，根本沒有閒錢來投資。但我每月都拿出其中的 6,000 元存入銀行，當連續存足一年以後，我的手中便有了十二張存單，總金額 7.2 萬元。這時，第一張存單開始到期，我把本金加利息再加上第二期所存的6,000元，再次存成一年定期存款。其他的那十一份存單也這樣做，加上之前的第一份存單，如此一來，我的手中便有了十二張循環的存單。這種儲蓄方法的好處就在於，從第二年起每月都會有一張存款單到期可用，如果不用則加上新存的錢，繼續做定期。採用這種儲蓄方法，既能比較靈活的使用存款，又能得到定期的存款利息，可謂兩全其美。

我的好朋友大偉也從十二存單法中獲益不少。他和他妻子今年都剛三十出頭，剛結婚的時候，每人每個月都有三萬多元的薪水收入，他們覺得賺的錢少，不值得理財。後來家裡老人生病住院，大偉夫妻倆為此花了不少錢。但就在這種情況下，他們還是買了房子。用大偉的話來說，多虧了「十二存單法」。在儲蓄方面，大偉堅持認為，除了必要的開支之外，剩餘的錢對於他們來說放在銀行裡是最有保障的。他將每月除了日常開支之外的這部分錢分作兩部分，其中的30%存為活期，以備不時之需；另外70%存成定期，而且是存成一張定期為一年的存單，堅持了一年之後，大偉手裡的存單每個月都有到期的，既可靈活運用，又可繼續用於理財。每每說起此事，大偉就特別興奮：「真是驚喜不斷啊！」

另外，除了固定的薪水收入之外，像過年時候的分紅、獎金等數額較大的收入，也要計劃好如何去儲存。我認為理智的做法是不要存成一張定期存單，而是將其分成若干張，比如：10 萬元存一年，不如分成 4 萬、3 萬、2 萬、1 萬元各一張。為什麼呢？當然也是為了應付不時之需，需要 1 萬元時，就不要動其他的，需用 5 萬元時就動用 4 萬加 1 萬（或 3 萬加 2 萬元），總之動用的存單越少，利息就越有保障。

還有一種與十二存單法相類似的存款方法，叫做「階梯存款法」。這種方法比較適合與十二存單法配合使用，尤其適合年終獎金（或其他單項大筆收入）。具體操作方法也很簡單，比如說，你今年得了 50 萬元年終獎金，建議你把這 50 萬元獎金分為均等的五份，各按十、二十、三十、四十、五十年定期存起來。一年過後，你可以把到期的一年定期存單續存並改為五年定期，第二年過後，再把到期的兩年定期存單續存並改為五年定期。以此類推，五年之後，你的五張存單就都變成五年期的定期存單。

這時，每年都會有一張存單到期，與十二存單法有異曲同工之妙。其最大的優勢就是既方便實用，又可以享受五年定期的高利息，非常適合於大筆現金的儲蓄。假如把一年一度的「階梯存款法」與每月進行的「十二存單法」相結合，那簡直就是絕配了！

專家出招

問：請問，在通貨膨脹的情況下，如何能夠最大程度降低存款本金損失的風險？

答：

我們知道，一旦銀行存款利率低於通貨膨脹率(即物價上漲率)，就會出現負利率，存款的實際收益小於等於零，存款的本金就會損失。在這種情況下，儲戶可以採取不同的措施，使損失的程度減小到最低。比如：在沒有特殊需求或者沒有把握的高收益投資機會時，盡量不要將已經存入銀行（尤其存期已經過半）的定期存款隨意取出；對於已經到期的定期存款，可以根據利率水準、利率走勢、存款利息率與其他投資方式收益率做一個比較，綜合實際情況進行重新選擇。

定存也能升值：如何讓定期存款賺更多？

今天的儲蓄就是為了明天的生活和創業，如果一個人忽略了儲蓄的意義，該有多麼可惜啊！我身邊就有很多這樣的人，打從心裡瞧不上銀行的低利息。可是話說回來，沒有資本的原始累積，拿什麼去進行下一步的投資？正所謂「不積跬步，無以至千里；不積小流，無以成江河」，資金的累積，也要從一點一滴做起。

雖然有很多瞧不上儲蓄利息的人，但也有很多人認為利息收入是最安全和穩定的一種投資收益，只要掌握一定的技巧，它的收益會比你想像的多很多。如果只圖方便，把上萬元甚至幾十萬都存成活期，那就真該去面壁思過了。

經過總結，能夠使存款利息盡可能增多，同時在遇到急事需要取錢的時候又能減少利息損失的存款方法，主要有以下幾種：

1. 活期變定期

很多公司都把員工的薪水存入一張固定的金融卡，使之變為活期儲蓄。對於每個月的節餘，很多人並不在意。其實這是一種很不明智的做法。因為在所有的儲蓄種類中，活期存款的利息最低。此外，定期存款也有差別。整存整取的利息是最高的。

但是，長期存款計畫不是一成不變的。因為利率會發生變化，如果存期太長，一旦銀行升息，以前的存單並不跟著調整利息，這樣就會損失掉一部分利息。我個人認為，比較好的方法是選擇不長不短的存款期限，利息既不低，就算遇到升息，損失也不是很大。

2. 利滾利存款法

這種存款法是存本取息與零存整取兩種儲蓄方式的完美結合。這種方法的優點是可以獲得比較高的存款利息，缺點是你必須得經常跑銀行，不過看在錢的份上，多跑跑銀行也值了。具體操作方法也很簡單，比如：你有一筆 50 萬元的存款，可以把這 50 萬元用存本取息的方法存入，在一個月後取出所獲得的利息，並把這些利息再開一個零存整取的帳戶，以後就可以把存本取息帳戶中的利息取出之後再存入零存整取的那個帳戶，這樣就可以獲得二次利息。

專家出招

問：對於那些收入不高、對利率的變化及走勢不大了解或者資訊滯後、風險承受能力又比較小的老年人來說，選擇哪種形式的存款才能使得收益最大化？

答：

這種情況下，選擇較長期限的定期儲蓄存款是最為理想的。因為，三年的定期存款不僅具有良好的安全性，而且也方便存取，最重要的是絕大多數的儲蓄機構還為到期的定期存款提供自動轉期服務，這樣一來，老年儲戶就不會因為到期忘記提取或轉存而影響利息的收入。

第 3 章
錢花在刀口上：
消費達人的祕技

買衣省錢術：低折扣不是唯一標準

每逢節慶假日，尤其像國慶、元旦這樣的節日，各大百貨都會展開「瘋狂」的打折活動。進入百貨，滿眼都是炫彩奪目的促銷海報，什麼「全場最低一折起售」、「滿千送百」、「持會員卡折上再九折」等等，給人一種「天上要掉個大餡餅」的美好錯覺。再看看每家店鋪，哪個不是擠滿了前來搶購的顧客，人氣之旺盛，簡直令人匪夷所思，難道這些都是白送的嗎？

我的表妹就是一個在打折期間表現異常瘋狂的購物達人。只要逢上活動，她連吃飯都不顧，下了班直奔百貨而去。一路上「殺氣騰騰」，到最後滿載而歸，不管是不是需要的，反正收羅了一籮筐。有時候一些百貨限時打折，活動時間定在凌晨兩三點，她也會毫不猶豫犧牲掉寶貴的睡眠時間，在活動時間內準時出現在百貨裡，精神相當可嘉！「瘋狂」的次數多了，表妹總算悟出點低折扣的邏輯。有一回她是這麼說的：「前幾天我在一間店裡看上了一件風衣，標價3,500 元，我捨不得買。好不容易等到打折，過去一看，它說的雖然是五折，可是原價竟然標到了 7,500 元，比原來不打折的時候還貴！還有那些滿一千送五百的，看起來像是五折，但好多衣服標價 2,000 元，真是無商不奸啊！」一些不厚道的商家就是採用這種方式來誘惑消費者的，喜歡逛百貨的女士們可不能一見低折扣就頭腦發熱啊！

俗話說，「人靠衣裝馬靠鞍」，也有一句話說「女人的衣櫥裡似乎永遠都少一件」，女人愛購物幾乎是天性。如果妳也是「敗家女」，奉勸妳在購物時還是理智為先。在逛百貨的時候如果能做到以下這些，保證妳會少花很多冤枉錢。

首先，在買衣服的時候認準一條：保持清醒的頭腦，要買就買適合的。一味貪圖低折扣，只會讓妳的衣櫥變成雜物收納箱。那些因頭腦一時衝動而買來的打折衣服，有可能連一次「嶄露頭角」的機會都沒有。一般來說，可以多買一些淺色易搭配的基本款服裝，白色、黑色是永遠的潮流色，也比較好搭配別的衣服。大多數女性朋友對名牌服裝有一種偏執的喜愛，但沒必要渾身上下都穿名牌，一個名牌的包包或一雙名牌鞋子，即使搭配普通衣服，也會有畫龍點睛的效果。此外，適當買幾款當季的流行服飾，把握「貴精不貴多」的原則，新潮的款式可以讓你緊跟時尚流行風。如果眼光獨到，還可以買一些款型別緻、獨特的路邊攤商品，只要搭配巧妙，也會產生很好的效果。

此外，換季購衣也值得一提。無論是大型百貨還是服裝小店，剛上架的新款服裝一般都是原價銷售。但到了臨近換季的時候，為了資金回籠，預定下一季的新款，商家往往會提前半月甚至一個月的時間，採取打折的方式把本季的衣服處理掉，防止積壓。這時候的服裝少說還能繼續穿一個月，而折扣可以打到三折，這時候去買一買，一定會有不小的收穫。

喜歡上網買衣服的女士，一定要把握一條原則：貨比三家最重要！網路上很多賣家都會銷售一些品牌服裝，因為可以從廠商直接拿貨，少了房租水電等成本，所以價格會比百貨專櫃便宜很多。來舉個例子，新款上市的時候，專賣店是絕對不會打折的，但網路上同款新貨卻可以打個七到八折。如果店裡有你心儀的衣服，不妨先去試好衣服的尺碼，然後再上網買，這樣就會省下一部分錢。當然，網店良莠不齊，各位女士在購買之前一定要謹慎選擇，以免帶來不必要的麻煩和金錢的損失。

專家出招

問：百貨經常會有一些打折促銷活動，有的還表明「打折物品，概不退換」，那萬一品質有問題，豈不是只能自認倒楣？作為消費者，如何才能避免落入打折的「陷阱」呢？

答：

提醒各位讀者朋友在選購打折商品時，首先應保持清醒的大腦，進行合理消費，不要貪便宜而盲目購買自己不需要的商品。在選購商品時要貨比三家，弄清「折價品」的真偽；其次，即使是打折處理和特價商品，也要索取購物憑證，提防商家以降價商品不允許退換或解釋權在商家為藉口侵犯自己的合法權益，要求註明產品是否是因品質問題而降價，並要求發票上註明折扣率；第三，如果在購物中發現有價格欺詐嫌疑的，應及時向相關部門檢舉，購物後發現上當受騙，可以向消費者保護協會或相關部門申訴，尋求合法利益保護。

非關鍵時刻，遠離信用卡取現陷阱

現代人已經越來越離不開各種信用卡了，無論出國旅遊還是百貨購物，哪怕只是最平常不過的朋友聚餐、休閒娛樂，都會看到一幫年輕人瀟灑刷卡的身影。毫無疑問，信用卡以它強大的優勢已經滲透到我們生活的各方面，「刷卡生活」已經成為當前最流行的消費形態之一。

前幾日，我陪朋友在百貨裡閒逛。在某品牌店內，碰巧看到一名學生模樣的女孩買下了一條長裙，我看了看標價：2,500 元！只見那女孩很瀟灑的掏出錢包，我斜眼看過去：各式各樣的卡把一個粉紅色的「米奇」皮夾塞得滿滿當當，怪我眼拙，有幾種卡根本沒看清楚。再來說那女孩，取卡、刷卡、簽名一氣呵成，好不爽快。

那麼，如何避免信用卡在使用過程中造成不必要的損失呢？

首先，經常查看帳單，如果你經常因為忙碌而忘記還款，建議你在相關銀行辦理一道手續，透過銀行的系統自動從帳戶轉帳還款，就可以避免這種情況的發生了。

其次，算好「免息期」。信用卡有一個帳單日，一個還款日。在還款日之前把所有的消費欠款還清就可以享受免息，否則就會從每筆消費的消費日開始，按照當月消費金額的全額計算利息，千萬不要因為一時疏忽而讓本該屬於自己的錢白白流入銀行。

最後，就是不到非常時刻不用信用卡取現，這點我們在前文中已強調過，希望能提醒一下大家。

專家出招

問：我想辦一張信用卡，請問如何辦理，需要提交哪些文件，大約多久能發卡？刷卡消費還款時只能用本行信用卡嗎，還是可以用其他銀行或本銀行的金融卡還錢？

答：

申請方法：到銀行大廳索要信用卡申請書，填好相關資訊，並親自簽名，提供身分證正反影本、工作收入證明等，然後再去辦理。當然，如果你能提供房屋權狀，就可以申請更高額度。經過審核，一般十五天左右進入回覆階段，即電話核實身分、簡訊告知審核結果。申請成功的話即可收到信用卡和密碼信封以及使用手冊。現在也有線上申辦信用卡的服務，只需上網填妥資料、上傳以上證明文件的照片等，即可等候銀行審核。

還款方式：每月的固定日期，銀行會寄出本月消費明細，即需還款的帳單，登陸信用卡的網站，可以進行網上查詢。你可以選擇以下方式來還款：

- 到該銀行櫃檯進行現金還款；
- 辦理同行相關金融卡及帳戶，到還款日時會自動轉帳還款；
- 部分銀行信用卡支援他行匯款還款，不過會收取一定的手續費，具體可以上網查詢或打該信用卡的銀行電話諮詢。

別掉入促銷與優惠的圈套

俗話說，「錢要花在刀口上」。現在，各大百貨的競爭已經到了白熱化的程度，每逢節慶假日都有五彩繽紛的活動，可謂熱鬧非凡。可是，消費者真能從中獲得實惠嗎？當然不一定，說到底買的沒有賣的精，所謂「優惠」只不過是商家的一種促銷手段而已。它會讓你在不知不覺中掏空了腰包，還滿心歡喜。至於後來的事情，那就不在商家的考慮範圍之內了。

前不久，我有一個非常精明的同事 Kelly 就被騙了一把。逛街的時候，Kelly 被某百貨「現金 1,500 換 5,000 優惠券」的活動所打動，花 1,500 元現金購買了一個標價為 3,000 元的包包。因為覺得太實惠了，便沒有主動要求 5,000 元的優惠返還。幾天之後，她卻發現這個包包在「特價」，僅售 1,400 元。Kelly 原以為撿了個大便宜，沒想到最後還多花了 100 元。還是應了那句俗語，買的沒有賣的精！連一向精明的 Kelly 也難逃這一「劫」。

臨近歲末，在商家掀起的讓人眼花撩亂的促銷大戰中，各種換購、打折、特價、驚爆價、最低價等商業促銷活動花樣迭出。雖然確實有消費者在商家真實、合法的優惠讓利活動中得到了實惠，但這樣精明的消費者畢竟占少數。部分商家為了追求利潤最大化，會利用資訊不對稱和一些消費者貪圖小利的心理，在許多貌似「虧本」的誘人促銷活動中暗藏消費陷阱，稍不留神，就讓你中了招。

如果對商家的「溫柔陷阱」多一些了解，你就能省下一筆數目不小的銀子。一般來說，這些陷阱主要表現在以下方面：

1. 促銷活動中標示的「原價」高於沒有做活動時的原價

很多情況下，吸引我們目光的往往是那個鮮豔奪目的折扣，而原價只作為陪襯僅供參考而已。其實在很多時候，那些狂打折的商品尤其是服裝，往往都是以前的舊款，而新款在活動期間早已被商家「悄悄」藏了起來。

2. 特價商品概不退換

這種情況也很常見，幾乎都快因消費者的默認而合理化了。購買這種特價商品，一旦出了什麼問題，簡直有口說不清，大多數人只能自認倒楣。

3. 優惠券的使用條件及使用期限極為苛刻

優惠活動一般有現金返還和優惠券返還兩種。就我個人認為，現金返還相對而言更加實惠點，而厚厚的一疊優惠券只會讓你在百貨裡更加流連忘返。而且，有的百貨中優惠券的使用還有眾多限制，最短使用期間僅為一天，有的則規定優惠券必須一次消費完，不設找零。為了這些優惠券，很多消費者傷透了腦筋，只為划算一點，結果卻花出更多本沒必要花的錢。

專家出招

問：周圍很多同事都喜歡在百貨辦活動的時候瘋狂購物，我也是其中之一。公平的說，百貨打折的時候還是能買到些實惠東西的，但也有落入「圈套」的時候。請問，在百貨打折的時候，作為消費者，我們該如何維護自己的合法權益？

答：

不管商品打不打折，消費者都必須具備維權意識。在消費的過程中，建議你一定要索要購物明細，並仔細檢查明細中有沒有如實標明產品名稱、價格、數量、規格、型號等重要資訊。

團購其實是一種「人脈理財」

「今天，你團購了嗎？」由這句簡單的問候語所引發的一系列討論，一度成為網路上人氣超級旺的一個話題。毫無疑問，團購已經成為現代人非常熱衷的一個話題。那麼，究竟什麼是團購，為什麼它會如此火爆呢？

所謂團購，是團體採購的簡稱，通常是指某些團體透過大批量向供應商購物，以低於市場價獲得產品或服務的一種採購行為。生活節奏的不斷加快，使得人們的工作壓力越來越大，如何才能省去許多複雜環節，讓終日忙碌的人們既能盡情享受生活，又能充分享受購物的樂趣呢？團購，無疑是最佳的選擇。對個人來說，團購既能省開支，又可省去來回奔波的麻煩；而對那些合法經營的商家來說，團購既可以節省相關的行銷開支，又能擴大市場占有率，可謂雙贏。

團購的優勢，顯而易見：

◆ 價格優勢

人多力量大，購物好還價，已成為許多人的共識。就以家電團購來說，當你一個人在百貨「孤軍作戰」時，即使商家的優惠活動再豐富，你所能享受到的折扣還是很有限的，團購就不同了。很多人一起購物符合商家「薄利多銷」的原則，如此便能享受到更加優惠的價格，這也正是團購的魅力之一。

◆ 品質優勢

團購使得零星分散變成大批量的集中購買，實質相當於批發。由於可以直接向廠商拿貨，在廠商的支援下減少了中間環節，從而既保證了家電品質，又能省去一部分費用。

◆ 省力

團購組織者和其他的買家對團購產品都有自己的體驗和了解，透過交流可以獲得更加全面、客觀的認識，從而可以買到品質好價格優的產品。你不用來回奔波，只要將機型報出來，便可在炎炎夏日於家中坐享冷氣，豈不美哉！

團購的內容，豐富多彩：

◆ 團購買房

在決定團購買房時，首先應根據個人情況選擇合適的房產團購方式。房產團購的方式有很多，比如說公司或銀行組織的團購，也有親朋好友或網友們自發組織的團購。

其次，掌控好房產團購與零售的差價。在團購過程中，團購仲介機構會收取差價的 10% ～ 20% 作為手續費。

◆ 團購汽車

汽車團購可以說是團購中最為熱門的一種。目前，除了各種專業的汽車團購公司之外，各大銀行也已開始積極以車價優惠、貸款優惠、保險優惠等舉措來開拓汽車團購市場，就連各大汽車經銷商也開始注重向大型企事業公司進行團購行銷。對於普通消費者來說，在決定團購汽車之前必須先了解一下這方面的行情，才能夠選擇好適合自己的團購管道。

除了買房，買車之外，連旅遊也可以團購。如果你想外出旅遊而身邊恰好有很多志同道合的同事、朋友，那就可以自行組團了。之後再去和旅行社談價錢，一般可以獲得相當於打九折的優惠。外出旅遊，難免遇到「強制」購物、住宿用餐標準降低、無故耽誤遊客時間等問題。不用擔心，團購式的自行組團「人多勢眾」，這些問題都很容易解決，也能更好維護自身權益。

專家出招

問：團購的形式確實不錯，我想請教一下，團購最適合什麼樣的消費者？在購買什麼樣的商品時採用團購的方式最划算？

答：

團購是目前眾多消費者追求的一種現代、時尚的購物方式，它能夠有效防止不成熟市場的暴利，同時對個人消費的盲目性也有一定的抵制效果。如果你屬於下列人群之一，團購無疑是一種理智的選擇：

- 買東西不會選擇，總是在買完之後就心生後悔；
- 自認為個人力量太過弱小，擔心得不到應有的售後保障；
- 擔心購買到山寨劣質產品；
- 準備、馬上或已經開始裝修房子，但經濟條件很一般的民眾；
- 對市場價格毫無了解，既不懂得選材又不喜歡逛市場；

- 不善於殺價、不熱衷殺價，或者根本不屑於殺價；
- 只有購買符合環保標準的產品才能放心；
- 在校大學生，經濟不寬裕，想買物美價廉而且有服務保障的商品。

網購狂熱：怎麼避免一時衝動？

不可否認，我們的生活節奏越來越快。巨大的工作壓力，使得人們無暇顧及身邊的哪些百貨正在進行如火如荼的促銷活動。好不容易到了週末，不是加班就是在家裡養精蓄銳，還哪有時間四處逛。在這種情況下，許多人開始利用網路這個平臺來滿足自己的購物需求，網購以迅雷不及掩耳之勢迅速成長，並日益完善。

在這個虛擬的世界裡，什麼服裝、菸酒、手機、廚具、寵物食品等等，只有你想不到的，沒有你找不到的。足不出戶，便可買你所需，這也正是網購的魅力之所在。「看我這件裙子怎麼樣？剛從網路上買回來的，我曾經在一家店裡看到過一件相同的，比這要貴兩百多元呢！」我剛出差回來，我朋友便開始滔滔不絕大談她的網路購物經。看她一臉無法抑制的興奮，真不忍心和她說，有些人由於網購成癮，已成病態，最後不得不求助於身心科醫生。

「自從接觸了網路購物，我老婆就一發不可收拾，幾乎著了魔。上個月竟花了將近四萬塊錢，雜七雜八的東西買了一大堆，也不管有沒有用。簡直太離譜了！」又聽到同事小林無可奈何的抱怨了，也是啊，家裡有這麼個「敗家女」，能不鬱悶嗎？小林的老婆網購成癮，我們周圍幾個同事都是知道的，但除了深表同情，又能說什麼呢？小林也曾經多次勸說他老婆，但好像收效甚微。因為幾個月之後，家裡已經堆滿了他老婆上網淘來的東西，衣服、鞋子、包包、化妝品……估計她自己開個店都綽綽有餘。

其實在我們周圍，這樣的「網路購物狂」有很多，在一些論壇上也常能看到這樣的話題：我網購成癮，每次打開購物網站，看到那些漂亮的圖片就難以克制購買的欲望，就像吸毒的人看到毒品一般，不能自拔……底下回覆的網友也很多，現代人大多都有網購的經歷，而且有一部分人幾乎成癮，想改正卻又欲罷不能。針對這種情況，有心理學家表示，戒除網購之癮，關鍵在於轉移注意力。網路購物成癮和青少年沉迷網遊的現象類似，當事人在虛擬的世界裡難以把控自己。網購成癮，究其主要原因，是因為這些人平時生活、工作壓力大，瘋狂的網購行為被他們視為一種發洩的途徑。

這裡提醒一下網購成癮的朋友，在上網購買商品時，下手不要太快，多問自己幾句「是不是非買不可」、「買了之後用得到嗎？」等問題，如果依然控制不住自己的購買欲望，可以把存款存成定期，強迫自己不去動用；或者，把網上付款所需要的卡片鎖在抽屜裡，而不是夾在錢包裡隨時可以使用，這樣也能抑制一時的購物衝動；再或者，在空閒的時候，約上三五知己一同外出散散心，以此減少上網時間，培養一些有益身心健康的興趣愛好，也能淡化對網路購物的狂熱關注。

專家出招

問：我一直都比較習慣在實體店買東西，看周圍的朋友經常在 ×× 平臺購物，也想嘗試一下。請問，網路購物安全嗎？有哪些注意事項？

答：

網路購物存在一定的風險，我只能提供你一些注意事項，讓風險盡量降到最低：

- 盡量選擇到大型的網站上去購買，或者是到比較專業的網站上購買你要買的物品。
- 盡量選擇信譽高的賣家，這是最關鍵的一點，好的信譽可以讓交易過程更加放心、愉快。但也不要太過迷信店家的評價，要同時關注這些信用的來源 —— 看商家售賣的是否一直是同一類商品。

- 網路上的東西不一定比現實當中的便宜。同一品牌，如果實體店和網路店的價格差距很大，最好不要輕易購買。
- 為了保證售後服務，可以透過網購頁面的通訊方式、郵件等管道與賣家聯絡。
- 不要到打開速度慢、看起來有點奇怪的網站上買東西。
- 支付密碼與登入密碼的設置避免相同。很多人為了記憶的方便，將支付密碼和網站的登入密碼設置成一樣。這樣做的壞處就是 —— 一個地方的失守，會導致整個堡壘全部崩潰。

健身房裡的理財課

俗話說「身體是革命的本錢」，發展到今天，身體應該也是理財的本錢了。「前半生用健康換金錢，後半生用金錢換健康」的生活方式顯然不是我們所期望的，於是很多人不惜代價，辦了昂貴的健身卡，以空前的熱情參與到時尚的健身行列中。但是，對於另一部分囊中羞澀的人來說，健身房的高消費讓他們望而卻步。如何才能既能躋身健身大軍又能確保合理消費呢？

1. 辦卡

健身卡是健身費用中開支最大的一塊，這類卡主要包括各類健身器材訓練，普通指導教練以及多種健身課程，有的還包括游泳項目；單項運動卡則主要包括單一項目訓練，單項教練指導。健身雖好，但消費也著實不低啊！如此一筆「鉅款」，該如何節省呢？有一個好方法，就是不要去俱樂部直接購買健身卡，而是購買一張轉讓卡，然後在俱樂部的櫃檯辦理轉讓手續。這種卡最為經濟划算，它的優點主要表現在以下方面：

首先，在正規的俱樂部，至少得年卡才可以享受最優惠的價格，就算這樣，辦單月卡或季卡的價格就更高了。而轉讓卡的價格大約是正常卡的 70% 左右，尤其到了每年的二、三月分，很多轉讓卡的價格甚至可以低至五折。

其次，轉讓卡一般不是足年的（卡費會按單月報價），因為會被卡的原始主人用掉幾個月，這樣就更有利了，你完全可以用自己買的這幾個月時間來考察體驗這個運動項目或場館是否適合自己，避免一次性就被一個俱樂部綁住。

此外，還有一筆費用不可忽略，就是轉讓費。每個俱樂部所規定的轉讓費不等，大多數是一兩百塊錢。為了節約，這筆費用你可以和卡的賣主在成交時先行談妥，比較理想的是共同承擔一下。

2. 儲藏櫃

主要用來儲藏你固定使用的鞋類和洗浴用品。如果你是開車去健身房的，就不要再租櫃子了，省下的就是賺到的，不是嗎？一般俱樂部都是最少一次性購買一個月來收費的。如果想省錢，你可以和公司同事結伴健身，一個小小的櫃子兩三個人用足夠了。另外，事先備好一把鎖。如果忘帶的話，俱樂部會高價賣給你一個，價錢高不說，還無法保證那把鑰匙是唯一的。

3. 飲用水

最好自帶一個水瓶，一方面可以省錢，另一方面，從運動學角度來說，賣的瓶裝水的容量過大，不適合運動時飲用。一般正常強度運動量只需要在運動過程中最多補充150cc的純水，喝得太多太猛，會給心臟造成過大的壓力，難受不說，還很危險。

4. 洗浴

雖然有的俱樂部會提供一部分洗浴用品，但毛巾還是自己帶比較好。洗髮精也要自帶一份，很多俱樂部裡那些看起來好像不錯的洗髮精，其實都是批發的雜牌，後來灌裝的。至於浴液，用一下也無妨，你又不是天天都在那裡洗澡。

5. 私教

綜合型俱樂部一般都提供私教。私教是按時間收費的，收費標準與他們的級別和名氣有關。有時在辦卡時，俱樂部會贈送你一定時間的私教，但這個贈送很可能有時間限制，只不過辦卡時不會告訴你。所以，關於時間和人員的限制規定，一定要在辦卡時詢問清楚。訓練逐漸走上正軌後，你就可以預約私教來提高一下訓練品質了。不過要把握一個原則，並不是越貴的就越好。每個教練的長項和經歷、表達能力都不同，你可以適當了解一下他們的背景出身，然後再向老會員諮詢一下，最後再作出判斷。

專家出招

問：我一個朋友花了一筆錢在一家健身會所辦了張五十次的健身卡，然而由於工作調動，他只消費了三次。要求退卡時卻遭到該會所的拒絕，工作人員以「會員在購買健身卡之前都閱讀過會員合約，簽字認可同時生效」為由不予退卡。面對健身卡的種種消費「陷阱」，普通消費者該如何應對呢？

答：

這種現象的確存在。建議大家在購買健身卡時，一定要簽訂書面的消費協議，並認真了解會員細則，明確商家和消費者的權利和責任，特別是注意健身卡終止和轉讓的條款，警惕是否有「霸王條款」；其次，消費者還要將所簽訂協定的發票保管好，如果出現問題、協商無效後，可向工商部門投訴，如遇到捲款逃跑、涉及欺詐行為，應及時與警察機關聯絡。

另外，建議大家在健身熱潮中冷靜消費，從表面上看，年卡似乎最為優惠，但實際並非如此，很少有人能真正享受完年卡的健身服務。因此，要根據自己的實際情況選購健身卡，切忌貪圖便宜，避免一次性投入太多，最終得不償失。

省錢小妙招 Top10

「金融危機」令很多人談「錢」色變。由此衍生的就業危機、薪資危機、消費危機……使得越來越多的人不得不捂緊錢袋子過起了拮据的生活，「怎樣省錢」成為人們掛在嘴邊的一大熱點話題。

「省錢」，不僅是一種生活態度，更是一門高深的學問。許多人大手大腳生活慣了，打從心裡不屑於「省錢」，他們將「省錢」等同於「吝嗇」和「一毛不拔」，認為成天計較這些雞毛蒜皮的小事相當有失風度。但話說回來，在經濟並不景氣的大環境下，學會「省錢」有著極其重要的現實意義。或許只是一個小小的改變，就能幫你順利度過這個有點漫長的「經濟寒冬」。

1. 只維持基本生活消費

要想省錢，就得減少不必要的開支。不要因為一件打三折的晚禮服而花掉半個月的生活費，買下它之前想想，你有機會穿著它像那些光彩照人的明星一樣走上紅地毯嗎？沒有的話，就把衣服放下吧。如果沒有特殊情況，身上最好少帶現金。這樣，不但可以遏制自己的花錢欲望，還可以在同事、朋友要求請客的時候，大方的翻開皮夾，為他們現場展示一下什麼叫做身無長物。

2. 時間就是金錢

掌握好消費時間是省錢的基本招數。比如：旅遊時錯開黃金週，選擇在淡季出行，就可以省下大筆的住宿費、交通費，就連景點的門票都會享受到打折優惠。訂機票的時候要選擇上午，因為機票的折扣通常會隔夜重新調整。另外，盡量避免旅客最多的時段。乘坐轉機航班到目的地，會比直飛航班便宜許多；選擇規模相對小的航空公司航班，通常比超大型航空公司的航班要便宜一些。

3. 交通、飲食也能省

交通方面可以購買大眾運輸工具的優惠票券，或者自己前往公司，這樣就省了錢。中午公司提供午餐嗎？沒提供的話，你可以每天晚上做菜時多做一點，用便當盒裝起來，第二天帶到公司去。這樣一來，一個月就省了許多午餐錢。

4. 超市購物有訣竅

一般來說，新開張的超市為了吸引人氣，往往會推出一些特價商品，米、麵、油等生活必需品經常在此之列。如果你正好需要購買這些東西，還等什麼呢？該出手時就出手啊！此外，在逛超市的時候事先列好需要買的東西，這樣既省時間又能避免在超市逗留太久，一時衝動又買了很多可有可無的東西。洗髮精、香皂、洗衣粉……能買「家庭號」的就買家庭號，算下來還是能便宜不少錢的。

5. 節能也省錢

買電器時要認準節能標誌，雖然買的時候價格高一些，但時間久了，你就知道節省下來的錢是非常可觀的。在廚房，安裝節水龍頭和流量控制閥門，天長日久，也能省下不少錢。

6. 初為人母也要省

寶寶出生以後，一定會有很多人送禮物。以現在的習慣，通常人們會事先詢問你需要什麼再去購買。所以不要自己事先買個夠，留下一些份額給別人還是很有必要的。當然，對於關係比較親近的人，可以「厚著臉皮」建議他們送奶粉或者紙尿褲。當然了，這樣的機會可能一輩子就一兩回，也不要覺得不好意思，充分利用就行了。

7. 改變娛樂方式

想要省錢，試著改變一下娛樂方式吧！把逛街、看電影、吃飯、喝茶、打保齡球等活動改為逛公園、看風景、爬山、散步和游泳，帶瓶水、帶點零食，一切就 OK 了。這樣既節省開支又陶冶情操，一舉兩得。如果一定要去看大片，可以持指定信用卡，即可享受優惠價。此外，週末犧牲一下睡眠時間，看早場電影最便宜，最起碼也可以享受個折價優惠。

8. 讀書也能省錢

現在，很多平面雜誌都提供電子雜誌下載，既環保又省錢，在雜誌各自的網站上就可找到下載連結。當然，不是全部雜誌都提供免費下載，有些需要每期付費，就算這樣，也比從書店買一本實體書便宜。

9. 選擇淡季舉辦婚禮

婚禮也分淡旺季。在每年的婚禮淡季舉辦婚禮會免去你在婚禮旺季因訂不到飯店、婚慶公司抬高價格、機票居高不下等諸多因素所帶來的麻煩和金錢的損失。通常在這些時候，很多飯店的婚宴和婚慶公司都在打折。

10. 學車也算經濟帳

在學車旺季（每年天氣回暖後），不少駕訓班紛紛上調學車價格，有些漲幅甚至多達幾千元。其實，隨著市場競爭的日趨激烈，一些駕訓班也推出了促銷的優惠措施，團購報名就是其中一種；如果你在工作日有閒餘時間，也可以選擇報個經濟的「平日班」；此外，網路報名有時也可以省下不少錢。

日常生活中還有很多省錢妙招，只要有「省錢」的意識，「存錢」就不再是難題。

專家出招

問：我老婆每個月的薪水，幾乎都花在美容上面了，就這樣還常常抱怨青春易逝，歲月無情。悄悄問一句，有沒有既省錢而效果又不錯的美容妙招？

答：

看來這是一位非常有愛心的丈夫，肯為妻子分擔如此「憂愁」。其實，有很多平民美容妙招，既經濟又實用。比如：米飯蒸好以後，挑一些比較軟的、溫熱的揉成一團，放在面部輕輕揉搓，可以把皮膚毛孔內的油脂、汙物都吸出來，直到米飯團變得油膩烏黑，然後用清水洗臉，可以使皮膚呼吸暢通、減少皺紋。

類似經濟適用的美容小祕方還有很多，只要留心，生活中處處都能省錢。

六大消費陷阱，看看你踩過哪個？

在現代經濟社會中，雖然我們的消費方式、消費地點等都有了更多的選擇，但總有部分不法商家為了牟取暴利，在商品中精心設置消費陷阱，損害消費者的利益。為此，有必要提醒一下大家：越是優惠多的時候，消費越要理智，謹防掉入商家精心布置的消費「陷阱」中。

1. 廣告誇大其詞多

廣告的力量毋庸置疑，但真實性到底有多少呢？例如某著名外國品牌熱水器，在各報紙和電視廣告中借消費者的名義，表示他們所生產的一款熱水器已經使用了五十多年還能正常使用，以顯示其產品品質的可靠。殊不知，消費者如果信以為真，將會對他的人身安全帶來很嚴重的威脅。任何家電產品都有它的使用壽命期，因為在使用過程中，什麼樣的家電都會出現線路老化等不可避免的問題，因此只有在家電使用壽命期內使用，才能有效保證安全。過了使用期還繼續使用，不僅故障率會明顯增高，而且漏電傷人的可能性也會明顯增大。

2. 廠商直銷詐欺多

批發價比較實惠，於是很多商家就看準了這一點，紛紛站出來以「廠商直銷」、「批發價」的口號來誘惑消費者。經常在一些地攤上聽到商販在激情高喊：「走過路過不要錯過啊，批發價銷售保暖內衣，保證價格最低、品質最好……」一些人對這些口號特別沒有抵制力，上當也就在所難免了。

3. 清倉甩賣劣質多

同事琳琳有天下班回家，正好路過一家小店，只聽門外的喇叭裡叫嚷：「清倉大拍賣，品牌時裝，原價三千，現價六百啦！」琳琳走進去一看，裡面還真有大品牌。她立刻產生了興趣，這麼好的機會怎能錯過？最後，琳琳花三千元買了五件回去。第二天，她就穿著藏青色的「名牌」上班去了，結果在公車上，她只是抬手抓了一下拉環，衣服袖子「啪」的一聲就開裂了。怎一句尷尬了得！真正的品牌服裝，無論是做工還是色澤，都是那些地攤貨所無法複製的。別讓這些所謂的「清倉大拍賣」清空你的口袋，讓他們所積壓的贗品轉而積壓到你自己的家裡。

4. 有獎銷售圈套多

「有獎銷售」因其場面熱烈、報酬率高、內容豐富、形式多樣等，被眾多商家反覆使用。然而，由於操作的不規範，加上個別商家人為內定獎品等，使得有獎銷售活動的可信度越來越低。表面上看，這種促銷方式似乎讓消費者得了便宜，但天下沒有免費的午餐，對於有獎銷售的暗含成本及可能構成的損失，你又知道多少呢？

前不久，一家超市推出「消費滿千元，憑發票就可以參加一次抽獎活動」。章女士購買了價值一千多元的物品，結帳後她就拿著發票在服務臺登記了姓名、聯絡方式、身分證號等資訊，然後把發票投進箱子，走出了超市。回到家後，章女士越想越後悔，這種抽獎的中獎率到底有多高？採用怎樣的抽獎方式？什麼時候開始抽獎？她壓根就沒看到超市的具體規則，卻在無意中把個人資訊洩露了。

5. 婚紗照相館二次消費多

(1) 辛苦擺 pose，照片卻不屬於你

拍照可是個力氣活，但辛辛苦苦拍了一天，照片卻不屬於自己，不鬱悶嗎？這種事在照相館裡可不稀奇。假如你拍了一百多張，交給你的也就二三十張。其餘的想要就得花錢買，一張幾百元不等，還是電子版的。要製作成相冊？沒問題，那你就再交雙倍的錢吧！

(2) 化妝也要另交錢

化妝的時候，化妝師會強烈推薦新娘使用定妝液。所謂定妝液，就是那幾個很小的瓶子，在普通的店裡或者網路上只賣一兩百元，而在照相館裡，沒有數百元是不可能的。所以在簽訂合約之前，就要和門市談好，化妝品自己帶去，不用店裡的。至於如何談，就看你的談判功力有多深厚了。

(3) 漂亮的禮服穿一下，要再交錢

難道婚紗館不提供拍攝服裝嗎？當然提供，但是又髒又皺還又俗氣過時的禮服妳會穿嗎？想穿漂亮的，那就在高檔區裡選吧，一件多加幾千元。

(4) 放大照片還要額外再交錢

這又是為什麼呢？或者，是因為選片師「真誠」建議妳，你們選中的照片不適合放大到套組裡所包含的那個尺寸；或

者是你們選的這張放另外一個尺寸更好看；再或者，妳總要在自己家裡掛幾張吧，在媽媽家也掛幾張，在婆婆家也得掛幾張……新娘子的放大了，要不要把新郎的也放大一張？室內的放大了，要不要把外景的也放大？放大再加裝框，多少錢？數千元……

6. 保健產品幌子多

近年來，人們對保健用品的消費逐年上升，而一些保健用品的推銷方式也是花樣繁多，他們常打著「高科技、綠色、健康、進口產品」等幌子來誤導消費者，宣稱其產品「包治百病」，片面誇大保健功能。有些年老的消費者經不起推銷人員的「死纏爛打」，就稀里糊塗的購買了那些功效不得而知的產品。還有一些推銷人員則採用在社區、飯店等大型場合，透過開設健康知識專家講座、發送宣傳手冊等方式來宣傳、銷售產品，甚至假冒患者的名義宣傳其療效如何神奇，誘使消費者購買產品。面對這樣的誘惑，消費者一定要擦亮眼睛，免得白花錢還損害了自己的身體。

專家出招

問：經過多年的省吃儉用，終於買了一套房子。打算要裝修了，可是又沒有任何裝修經驗。請問，如何裝修才能既省錢又保險？

答：

網路上曾經很流行這樣一句話：如果你愛他，就送他一套房；如果你恨他，就讓他去裝修吧。可見，裝修確實不是件容易的事。如果你沒什麼裝修經驗，對工程材料、做法又不太熟悉，同時又怕落入裝修「陷阱」的話，最簡單又保險的方法就是按以下幾條去做：

- 首先，選擇一家有規模、有信譽的裝修商，最好是有熟人曾經委託過的，知道它是忠實可靠、值得信賴的；
- 其次，要求裝修商向你報價時，必須列明裝修專案、數量、規格、單價及總價；
- 第三，要求裝修商同時向你提供詳細的做法和材料樣品；
- 第四，在簽約時，要求裝修商列明裝修費用和完工期限。

第 4 章
婚育花費那些事：
錢要花在幸福上

沒房沒錢，還能順利結婚嗎？

生活在大都市的年輕人在房子的壓力下的生存狀態時常相當艱難。房子，成了很多人心中無法言說的痛，尤其是那些從偏遠地區來大城市打拚的年輕人，飛漲的房價讓他們對婚姻、對未來產生了深深的恐懼。因此，如何與心愛的人共同步入婚禮殿堂，成為擺在眼前最為現實的問題。俗話說，「男大當婚，女大當嫁」，現實雖然殘酷，但也不能因此而耽擱了人生大事啊！

雪兒是我的朋友，大學畢業後進入一家外貿公司做文書工作員，男友小趙在某教育機構，兩人的社會福利待遇齊全。男方家裡老是催著他們趕緊結婚，但雪兒說了，我們才剛工作幾年啊，要錢沒錢，要房子沒房子，家裡又幫不上什麼忙，用什麼結婚啊？每每聞及此言，男友就不吭聲了。是啊，誰心裡都很清楚，沒錢沒房子，這婚要怎麼結？

其實，雪兒和小趙的情況還不算最糟，但由於平時缺乏計劃性，雖然工作了好幾年，但他們存下的錢距買房子還差了十萬八千里。如果想在近期買到房子結婚，最重要的一點就是削減日常消費開支。如果兩人都能養成記帳的好習慣，將月度支出縮減到月收入的 30% 左右，就可以用餘下的閒散資金來籌備結婚的事宜。目前，雪兒的 25 萬元股票，市值減少超過 50%。雖然股市牛年取得開門紅，但她的股票要在短時間獲利還是有一定的難度。如果能夠繼續持有手中股票，並透過諮詢理財師來調整持倉股票品種，就有希望早日獲利。

至於房子問題，如果打算在近期結婚，買房子自然是不現實的。我認為，可以考慮先租住一套房子，用於結婚的暫時過渡，省下的錢用於支付結婚費用。當然，婚禮沒必要鋪張，一切從簡還能省下一部分錢。等到兩人財務狀況有所好轉，再考慮購買新房。

婚後理財也重要，因為還得繼續為房子而奮鬥。建議婚後依然減少不必要的開銷，首先，預留三個月的生活開銷約 6 萬元，在銀行存成期限為三個月的定期存款，作為家庭緊急備用金。其次，日常消費時盡量使用信用卡支付，合理利用信用卡的免息還款額度，增強資金的流動性。第三，餘錢繼續用來投資。像雪兒他們這種情況，因為兩人平時工作都很忙，所以在投資時先要考慮既省時又省力的投資理財方式。

其實說到底，只要兩個人能在一起，就是一種緣分，是一種幸福。假如能夠走進婚姻的殿堂，兩人齊心協力，合理規劃婚後的家庭理財方式，小日子一定也能夠過得很幸福！

專家出招

問：結婚是人生大事，如果婚禮太過簡單，我都覺得對不起自己。但就目前的情況來看，我和男友也沒有更多的錢來考慮排場。請問，有沒有一些好的建議，在辦婚禮的時候既能省錢又不顯寒酸？

答：

首先祝你們夫妻恩愛，白頭到老！其實，一個人的幸福與否，與婚禮的奢華程度並沒有必然的連繫，只要彼此相愛，就是最大的幸福。這裡為妳提供一些婚禮省錢的妙招吧，可以讓你花最少的錢，辦最多的事！

◆ 選擇淡季結婚

淡季舉辦婚禮，從飯店、食物到樂隊都會便宜很多，場所、酒水都有折扣。另外，最好避開節慶假日，這些日子結婚的人比較多，飯店各種服務的價格都會水漲船高。

◆ 選擇不需太多裝飾的環境

選擇一個需要大量鮮花、蠟燭和紗幕裝飾才能出效果的地方，遠不如選擇一個風景優美而又浪漫的地方更加省錢。春天的花園、夏日的海濱、秋日的樹林，都是不錯的選擇。

◆ 在食物和酒水上節省

選擇一些新建的主題餐廳，在那裡不僅可以享受一個非常優雅的用餐環境，而且還可以在食物上節省一筆開支。

◆ 租飾品，美麗不打折

所有東西都買新的？太浪費錢了。其實，在很多珠寶店都有頭飾和珠寶出租，可以去那裡租用新娘子所喜歡的飾品。

◆ 讓伴娘代替新娘祕書

新娘去髮型設計室做頭髮，要比把髮型師請到家裡經濟實惠。在化妝師為新娘化妝的時候，可以讓伴娘在旁邊注意觀察。這樣，在婚禮進行中需要補妝時，伴娘就可以代勞了。

結婚到底要準備多少錢？

結婚的花費十分龐大而瑣碎，買房子、裝修、買家具、訂飯店……林林總總的事情都得用錢來搞定。為了避免不合理的開支，要步入婚姻殿堂的新人們第一步需要做好的就是結婚預算。把錢花在刀口上，讓每一個銅板都能帶來十足的快樂。

1. 婚禮會場

據相關調查，在婚宴會場這方面，新人的平均消費為一二十萬元（中等以上消費水準），占婚禮相關部分資金的 75%。由此可見，婚禮會場是整個婚禮過程花費最大的一部分。建議新人在作好總婚禮預算後，預留 50% 左右的份額用於婚宴會場的花費。有的會場草坪、儀式堂並不是免費提供給新人的，所以還需要留下這一部分的預算。根據會場不同，其租借費用也相去甚遠。

2. 婚慶公司

現在的流行趨勢是自己親自策劃婚禮或者交由會場專職策劃人員來布置，婚慶公司全權代理的費用一般包括企劃費、布置費、製作費、相關婚慶人員的費用等。一些高級企劃公司的價格可能過萬，但也有一些單純只幫助新人布置會場的公司，企劃費接近於零。

3. 會場布置

會場布置的花費主要集中在花材上，根據季節和選用花材的不一，價格也會有比較大的起伏。一般來說，布置一場婚禮的費用大約在 2 萬元上下。為了節省開支，新人們可以辛苦一下，去花卉市場親自購買花材，然後請專業花店代為製作即可。

4. 婚慶人員

司儀是婚禮中的關鍵人物，所以挑選時要格外注意。

婚禮當天外景拍攝的日益流行，使得攝影師的費用也水漲船高，可分為全天候拍攝和當晚婚宴拍攝。

女人對美的追求是無止境的，更何況是新娘。現在婚禮上新娘平均換妝的次數是四次，要找一個技巧高超、品味一流的造型師，可要留好這筆預算。

5. 婚禮物品

(1) 喜糖

目前，超過八成的新人會選擇自己 DIY 喜糖盒或是自己做喜糖裝飾，所以每份喜糖的價格大致在 10 元左右。

(2)婚禮蛋糕和酒水

很多新人選擇會場提供的免費結婚蛋糕，有的會場也會提供飲料無限量暢飲。調查顯示，自己購買結婚蛋糕的均價為三四千元，自備酒水和飲料的新人不多，均價為兩三萬元。

(3)其他項目

包括婚車租借、音響租借、結婚禮品等。想要省錢的新人可以根據自己的實際情況選擇或捨棄這筆花費。

6. 新人相關部分

(1)訂婚鑽戒

目前，購買訂婚戒指的新人人數持續成長，有 50% 的新人購買訂婚鑽戒的價位在 5.5 ～ 10 萬元。此外，在國外購買裸鑽在國內加工的比例也越來越高。

(2)結婚對戒

鉑金對戒以其經典、高雅、優質的形象，依然備受新人的青睞，一般消費在 3 萬元左右。

(3)新娘禮服

一般來說，新娘為婚禮而準備的服裝有三套，其中一套為白色婚紗，兩套為彩色禮服，總花費 1.5 萬元左右。

(4)新郎禮服

相對於新娘的多種造型，新郎的裝扮依然走莊重而又實惠的路線，所以高級西裝依然是不變的選擇，價格從 1 ～ 5 萬元都有。

7. 其他部分

(1)婚紗攝影

拍婚紗照依然是結婚必不可少的一個項目。一般新人留給婚紗攝影的預算為 3 萬元。無論是選擇傳統的照相館婚紗攝影，還是如今十分流行的藝術工作室寫真，這個價位都很合理。只是在拍攝完成後，在選片數量和製作材料上，新娘一定要把好關，不要輕易增加。

(2)蜜月旅行

調查顯示：新婚蜜月最熱門的方向分別是：東南亞的島嶼以及歐洲的義大利、希臘等地，而費用則大約為 7.5 萬、25 萬元左右。越來越多的新人選擇在婚後立即奔赴浪漫地點，開始甜蜜的蜜月。

專家出招

問：由於工作關係，我們的蜜月不得不選擇在七八月分的旅遊旺季進行。請問，旺季度蜜月如何才能既經濟又完美呢？

答：

既然選擇旺季出行，那就得提早好好計劃一下：

◆ 選擇相反季節旅遊目的地

如果選擇與季節相反的南半球國家作為蜜月之旅的目的地，既可以避開旅遊高峰，好好享受甜蜜的二人世界，又可以在炎炎夏日體驗一絲異國的清涼，可謂一箭雙鵰。澳洲和紐西蘭南北島都是不錯的選擇。

◆ 有特色的小島或歐洲小鎮

如果不能選擇南半球的國家，不妨去一些有特色的地方，盡量避開大眾旅遊的集中地。可以選擇東南亞的一些小島，比如馬來西亞的綠中海、泰國的蘇美島、菲律賓的長灘島等，到這樣的地方度蜜月，即使選擇自助遊，價格也不會太貴。如果去歐洲的話，可以選擇當地的小鎮來體驗一下異國風情。

生孩子的開銷是無底洞嗎？

對許多夫妻來說，從決定要寶寶的那一刻起，一個新的「投資計畫」就要付諸實施了。由於女性的生育能力從二十七歲就開始下降，那些直到三十歲左右才開始考慮要孩子的職業女性們，在孕期和生產時，不得不為自己和孩子的安全支付更加高額的費用。

一般來說，大部分花費都集中在這幾項上：孕前及孕期的營養補充、孕期的各項體檢、孕期準媽媽的日常開銷、為迎接寶寶到來而準備的東西、住院費及手術費等。

從打算懷孕的前三個月開始，女性朋友就需要補充葉酸，根據價格不同，以食用十二個月來算，花費從幾百到上千元不等。從懷孕第三個月時開始，孕婦需要身體檢查。總體來說，這幾個月的化驗和檢查費用大概總共需要一萬元左右。

「寶寶」要健康，「媽媽」營養得先好，多數家庭在妻子懷孕前便開始增大生活開支，通常一個月為1,000～2,500元。

在懷孕的後三個月裡，建議開始準備一些寶寶需要的東西。比如小床、嬰兒洗滌用品、小衣服被子、專用洗澡盆、用量不少的尿布等等。當然，如果人緣足夠好，可以指望別人送你。這些費用加起來大約一萬多塊。

俗話說「十月懷胎，一朝分娩」，可在城市裡，這「一朝分娩」卻不是個小數目。從住院待產開始，花錢的地方接踵而來。通常，孕婦來到產科後要進行一次綜合檢查（包括肝、腎功能、血尿、心電圖等），然後決定分娩方式。如果採取自然產方式，整個過程花費通常在一萬元左右，其中包含檢查、新生兒護理和產婦護理等費用。如有其他情況或孕婦另有要求，則費用另算。如果採取剖腹產，一般費用在兩萬元左右；如使用減痛分娩或要求單間產房，費用還要增加。

除去這些，孕婦的服裝也是一筆不小的開支。絕大多數孕婦都需要穿防輻射服，穿在外面的防輻射服市場上價格普遍集中在 2,500 ～ 3,000 元。孕婦肚子大了，從內衣到外衣都要買專門的孕婦裝，這也是一筆不可忽略的支出。大多數孕婦在懷孕期間，在服裝上的花費都超過一萬元。有些家庭為了幫寶寶做個完整的紀錄，還專程買好了攝影機，花費兩萬多元。還有的孕婦或產婦因為家人幫不上忙，需要請個保母，這筆花費也不算少，全天候的保母一個月大約 5 ～ 7 萬元左右。

綜上，從懷孕前期的準備到生下寶寶，花個十幾萬也很正常。不過，也不要被高昂的費用嚇住，有些地方是可以節省的。比如孕婦裝，由於穿時較短，可以向親友們借著穿，或是穿老公的寬鬆衣服。有些人因為體質好，不需要增加太多的營養，其整個孕期的營養費也只增加了幾千元。話說回來，為了媽媽和寶寶的健康，有些錢該花還得花。如此「希望工程」，但對於大多數人來說，一輩子也沒有幾次機會。

專家出招

問：再有幾個月，我的寶寶就要出生了。打算為他準備一些東西，請問如何才能做到既省錢又實惠？

答：

說到為未來的寶寶添置東西，還真有一些竅門。比如：有些耐用品可以選擇兩用甚至多用的。有個媽媽就非常有經濟頭腦，她為女兒準備的汽車座椅是一個可以拆卸的搖籃式座椅，在帶孩子去醫院或者外出用餐時，這個汽車座椅就能夠當孩子的座椅，為她省去了不少麻煩。

再比如：對別人送的禮物不太滿意，如果有發票的話，可以拿到百貨裡去換，總比放在那裡白白浪費要好得多；如果沒有發票，還可以放到育兒網站上賣掉，在避免浪費的同時給其他媽媽一個低價購買的機會，不是兩全其美嗎？

誰應該當家庭財政大臣？

告別了新婚燕爾的甜蜜，在步入正常生活軌道的二人世界裡，如何處理好家庭的經濟問題，誰才是把握家庭經濟命脈的「財政大臣」呢？有很多小夫妻對此各執一詞，爭得熱火朝天。其實，誰當一把手都不重要，只要能讓家裡的經濟規劃有條不紊的進行，這才是最重要的。

我有一個表弟，他和妻子小雲都是金融系出身。目前，他在一家證券公司從事行政工作，小雲在銀行上班。既然都是本科出身，要怎麼投資理財當然是各有己見。在家裡，雖然兩人時有爭執，但基本上平起平坐，屬於誰都說了算，又誰說了都不算的那種。可是「一山不容二虎」啊，既然爭不出個誰高誰低，兩人索性來個理財競賽，看看誰的投資更賺錢，也就意味著在以後的經濟問題上誰更具有發言權。

說做就做。首先，他們把自己的收入公開化。此外，小雲還將結婚時得到的禮金平分為兩份，各拿其中一份，作為「戰役」的啟動資金，一場「沒有硝煙的戰爭」就這樣吹響了號角。小雲偏向於炒金，而表弟則偏向於炒股。每天下班回到家裡，吃過晚飯後，兩人便各自一臺電腦，忙碌起來。一個看黃金行情，一個看股市走勢。有時候，也會雙雙「停戰」一起外出吃飯、看電影或者打打球。除了「戰爭」，他們還有一項共同任務，就是每月都往抽屜裡的存摺裡面各存 2,500

塊錢，這是留給未來的寶寶的。

有了競賽的藉口，他們夫妻很少過問對方類似於「究竟把錢花到哪裡」的問題，但又可以透過各自的投資戶口檢查資金狀況。這種公平的比賽讓夫妻兩人都覺得很舒適，而且家庭經濟狀況也確實蒸蒸日上。有次我們一起吃飯的時候，表弟不無得意的說：「現在我既可以像單身的時候那麼自由，又在無形中加強了家庭的責任，可謂兩全其美啊！」

其實，家庭理財是一門很高深的學問，並不是一場夫妻倆「我的地盤我做主」的爭霸賽，而是誰更有能力將家庭資金進行合理的規劃，以面對未來人生的各種意外和風險。對於上班 族而言，家庭投資的目的，不但要獲得一定的收益，而且更要有效的迴避風險。夫妻雙方誰是財政一把手，說到底還是由內行來充當比較好。像我表弟他們一家子，都具有一定的專業知識，夫妻二人齊頭並進的效果更加顯著。

當然，並非所有的人都是學金融出身，個個都是理財一把手。但在家庭理財的時候，夫妻雙方最好還是保持相對獨立。夫妻雙方每人可以有一個屬於自己的個人帳戶，各自獨立支配，這種在某種程度上的財務平衡，對保持家庭氣氛的和諧有著十分重要的作用。比如：如果雙方均有收入，則可協調房子登記在妻子名下，而股票和「定存」存在丈夫的名下。財務上的相對平衡，是避免夫妻紛爭的最好辦法。

在日常生活中，夫妻雙方還可以採用輪流理財的方式，根據自身的特點互相配合，爭取最大限度發揮雙方的理財特點和優勢。這樣，既能減少矛盾，還能增進夫妻感情，同時也提高了雙方的理財水準。

專家出招

問：我和老公結婚半年多了，我們越來越發現我們的消費觀念存在著很大的差異，經常為了哪些錢該不該花而吵得不可開交。請問，如果連消費觀都不同的話，我們理財的方向還能走到一起嗎？我是繼續來「改造」他呢，還是努力改變自己來適應他？

答：

夫妻雙方來自不同的家庭，由於之前的經濟背景、消費習慣不盡相同，在消費上存在差異也是在所難免的。夫妻共同生活，不存在誰是絕對正確的、誰「改造」誰的問題，你們只是需要一個磨合期。在平時的生活中彼此包容，多交流溝通，相信許多問題都會迎刃而解的。對於消費觀念，建議你不必強求統一，在保證共同理財、合理消費與投資的前提下「求同存異」，可以減少很多不必要的爭吵。

離婚的經濟代價有多大？

結婚的成本高是眾所周知的，可是離婚的成本有多高，卻未必有人會在意。因為大多數夫妻雖然在生活中少不了吵吵鬧鬧，但發展到分道揚鑣的畢竟還是少數。

曾聽說過這麼一件事，說有一對夫妻鬧離婚，怒氣沖沖去辦手續，結果呢？因為工作人員說要收費，夫妻倆一計算，覺得不划算，不離了。雖然有戲謔的成分，但離婚需要成本卻一點都不假。若多年的夫妻走到離婚這一步，失去的又何止是幾十塊錢的手續費？在經濟社會，就要算經濟帳。

那麼，一個正常程序的離婚，究竟需要哪些成本呢？

1. 協議離婚

不管因為什麼原因而放棄了婚姻，如果能做到好聚好散，大家可以協議離婚，當然是最省成本的方式，而且效率還很高。協議離婚分為兩種：

(1) 戶政事務所兩願離婚

離婚證工本費標準基本一致，加上其他登記費用，幾十塊錢就可以輕鬆分手。據相關部門統計，大約有 60% 以上的夫妻會選擇協議離婚。

(2)法院調解或和解離婚

離婚經法院調解或和解成立者，婚姻關係於調解或和解成立時即消滅，法院會發文通知戶政機關，當事人於接獲法院正式調解成立書之後，可以單方持相關文件至戶政辦理登記。

在庭審過程中，雙方當事人陳述婚姻狀況和家庭財產、子女撫養意見，然後在法院主持調解下，根據自願原則，進行財產合理分配、子女撫養安排。

2. 判決離婚

即訴訟離婚，其費用大大高於協議離婚。一般情況下，只有當事人在財產分割或感情是否破裂方面無法達成一致，多次談判均沒有結果的情況下，才會採取訴訟離婚。

申請判決離婚須有一定的理由，夫妻之一方得向法院請求離婚。

(1)律師費用

在訴訟離婚時，當事人往往要藉助律師的力量來達到離婚目的，因此高額的律師費就是一筆不小的支出。各地律師接手離婚案件收費不一，律師收費從幾千到幾萬元不等。

(2) 房產評估的費用

案件受理後，如果雙方對於共同所有的房子價值有較大爭議，法院在雙方不能達成協商一致而又不適用競價方式的前提下，一般會進入房產評估程序。當事人經協商後可以委託有資質的評估機構進行評估。一般來說，房價與評估費用成正比。

(3) 精神損失，無法計算成本

一段婚姻走到最後，夫妻雙方但凡能透過協議離婚的，誰也不願意對簿公堂。案件訴到法院，任何一方當事人都不得不面對來自社會、父母、孩子（假如育有子女）甚至自身心理的壓力。離婚，從來都不是兩個人的事，它可能會發展到兩個家庭甚至兩個家族之間的矛盾，這給當事人日後生活所造成的影響是無法估量的。而那些縈繞在心中揮之不去的痛苦與煩躁，也無法用金錢來衡量，只能透過時間的流逝來慢慢沖刷。

專家出招

問：結婚後，我和妻子共同出資（包括貸款）買了一套房子，房屋權狀上寫了我們兩個人的名字。現在因為感情破裂決定離婚，請問這套房子該如何分配？

答：

針對這種情況，首先要明確產權，不論房屋權狀上是一方的名字還是雙方的名字，均為共同財產；其次要明確產值，即明確房屋的價值。房屋價值應當按市場現價計算，而不是按購買合約金額計算。再次，要分清權益部分和債務部分。因為可能涉及到貸款問題，所以首先應將未還貸部分除去。比如說，一套房子購買價是 1,500 萬，首付 450 萬，貸款 1,050 萬，現值 1,800 萬，未還貸款是 900 萬。夫妻可以分的部分就是 1,800 萬減去 900 萬等於 900 萬，每人可分得 450 萬。取得房子的一方應當給付未得房一方 450 萬。未還貸部分的本金和利息由得房一方繼續承擔。

重組家庭的理財藝術：如何理得好？

現實中，離異人員重組家庭的也不少，但是否能夠每天依然歡樂的度過呢？恐怕未必，現實生活永遠是複雜的。

亭亭離婚之後，獨自帶著六歲的兒子生活。在一次朋友聚會中，她認識了同樣離異的楊先生。或許因為「同是天涯淪落人」吧，很快他們就熟悉起來，彼此交往了一段時間，彼此感覺性格還算相投，於是在一年之後，楊先生帶著一對十歲的雙胞胎女兒，亭亭帶著兒子，共同組成了一個新的五口之家。

亭亭的新家庭首先面臨的第一危機就是經濟危機。楊先生在某私人企業擔任部門主管，稅後月收入 5 萬多，每月有 1 萬多元的房貸。亭亭是一名老師，每月的收入有 4 萬多元，前夫每月還會給 1 萬多的贍養費。儘管兩人月入近 10 萬，但三個子女的生活費用、教育費用還是讓這個新家庭多少有點力不從心。

重組家庭中，子女一般都在兩個左右，龐大的教育花費可以說是家庭支出的重頭戲。而在亭亭與楊先生的重組家庭中，有三個都在上學的孩子。除了為孩子提供高額的教育經費，他們還得關注孩子的健康問題。

在這樣的家庭當好「理財顧問」，可真不是一件容易的事情。

◆ 首先，確保孩子的教育經費

最好是選擇有保底收益的方式來存錢，哪怕收益不是最高，只要能連續獲得就可以了，這就要求資金一定要安全，這樣就相當於是為孩子的教育經費安全上了一把鎖。

◆ 其次，孩子的健康保障要充足

健康的身體是孩子快樂成才的前提，幫孩子買保險，不僅要考慮到為孩子的成長提供安全的財務保障，還要針對孩子的健康需求，提供高額的重疾保障。幫孩子購買的保險產品，除了包括幾種重大疾病，還要包括其他少兒常見的重疾。隨著孩子漸漸長大，保障的疾病內容可以自動轉換。

◆ 第三，做一些金融投資

鑑於楊先生夫婦沒有時間又缺乏股票投資的經驗，建議他們透過購買基金的方式來進行理財投資。讓專家幫助理財，好過自己「摸著石頭過河」。

◆ 第四，留足家庭現金儲備

家裡至少保留十萬元的現金儲備，以備不時之需。

◆ 第五，妥善處理房產問題

亭亭和楊先生二人都有婚前房產，房產問題是重組家庭最容易產生糾紛的問題之一。建議二人不要輕易在婚前房產的房屋權狀上添加對方名字。這與彼此是否信任無關，只是為了最大限度保護任意一方的既得利益。

◆ 第六，妥善處理孩子的零用錢問題

重組家庭理財中還有一個很重要的部分，就是對待未成年子女的零用錢問題。對於沒有跟隨在自己身邊的孩子，雙方可以根據自己的實際情況來選擇支出方式。但是，對於生活在同一屋簷下兩個甚至多個沒有血緣關係的兄弟姐妹，應該一視同仁。否則，孩子們難免有意見，從而影響大人之間的感情。

此外，為方便個人開支起見，楊先生夫婦不妨在婚後設立一個用於現在家庭使用的共同帳戶，同時每人再設一個屬於自己的個人帳戶，以方便解決原有婚姻關係遺留下的經濟支出問題。這種「有分有合」的理財方式既相對集中，又相對獨立，並非為了存私房錢，而是表明互相信任和體貼。分合適度，才是再婚生活中理財的至高境界。

專家出招

問：對於很多重組家庭的夫妻來說，「錢」是一個十分敏感的字眼，我們家也是如此。請問，如何才能避免因「錢」而引起的誤會和猜忌？

答：

在重組家庭中，和睦的家庭氛圍離不開對「錢」的妥善處理。你可以試著做到以下幾方面：

◆ 多溝通多交流

兩個婚姻失敗的人重新結合在一起，一定要倍加珍惜，特別是要在家庭財務方面保證良好的交流和溝通。一般來說，夫妻倆在家庭理財上如果一方注重穩健，一方注重收益，則雙方可以充分利用這種互補性，相互學習和交流。

◆ 最好實行 AA 制

在充分溝通、經濟狀況相對透明的情況下，再婚夫妻可以實行 AA 制理財。因為再婚夫婦的雙方不但要負擔各自父母的養老等正常開支，如果有不跟隨自己的子女，還要盡到一定的責任和義務。如果過於「財務集中」，容易因「厚此薄彼」等問題引發矛盾。

◆ 共同分擔經濟壓力

有些再婚女性，因為嫁了一個經濟條件好的丈夫，便甘心放棄自己的工作，做全職太太。俗話說「手心朝上，矮人三分」，即使丈夫再有錢，女性也要自立，有一份屬於自己的工作。這樣既能保持自己的家庭地位，也能分擔丈夫的經濟壓力。

第 5 章
保險就是你和家人的保護罩

根據自身情況選對保險

如今，各種類型的保險遍地開花，深受人們的推崇。但由於缺乏相關知識，很多人在一知半解的情況下為自己買了幾份保險。過了一年半載，才逐漸發現自己所選的險種不符合需求，離自己真正的需要相差甚遠。特別是有些人喜歡把保險與股票拿來比較，當自己買的保險並沒有獲得預期收益後，就認定是上當了。如此比較，其實只能說明他對保險的認知出現了偏差。

有個腦筋急轉彎，問「什麼東西用不著的時候難受，用著了更難受？」答案就是——保險。之前，大多數人買保險只買傳統的健康險、意外險等，一旦真用上了理賠，豈不是說明自己已經遭遇意外了？這個答案說明什麼？說明「保障」是保險的主要功能！投入幾萬元的保費，一旦出事拿到的可能是十萬元的理賠，這恐怕不是多少收益率能夠計算的。更為重要的是，保險提供的不僅僅是物質上的保障，還有心理上的安寧。買了保險的人在盤算將來時，不管是養老還是撫養子女，都會感到後顧無憂。如果單純將保險與股票作比較的話，必定會影響老百姓對保險功能的認知，造成人們在選擇保險時，首先想到收益如何，而不是重點考慮能提供多少保障。

目前，各大保險公司都推出了種類繁多、功能各異的人身保險險種。在購買時，我們該如何選擇呢？

先來看一下人身保險的大致分類：

◆ 保障型保險

這類險種在萬一發生傷、殘、亡等不幸事故時，能夠有一筆數額不小的保險金留給親人來保障以後的生活。

◆ 儲蓄型保險

利用保險這種特定的半強制性儲蓄方式，保障子女教育金或退休時的養老金。

◆ 醫療型保險

又分為重大疾病醫療、一般疾病住院醫療、住院津貼和意外傷害門診醫療。

◆ 投資分紅型保險

這類保險險種不但有投資功能，而且還具有投資分紅的功能。

了解了人身保險的大致分類，就可以根據自己的實際情況來選擇險種：

①剛剛踏上社會的普通上班族，收入較少且不穩定，建議首先應當考慮選擇保障型的險種。

一般來說，可以用定期壽險搭配終身壽險來構建人生保障，此外再搭配意外險、醫療險和防癌險，就能先做好基礎的保障規劃了。等以後有了一定的經濟實力，再考慮逐步購買其他險種。

②如果是工作、收入都比較穩定的人們，建議首先選取醫療型險種和保障型險種，這樣在生病或者意外傷殘時，可以及時得到經濟補償。

有小孩的家庭，可以適當為小孩買一些重大疾病、醫療、意外險，條件允許的話，還可以適當購買教育險。此外，還應當買一些收益性的財險，金額不必多。

③如果是高收入的成功人士，建議在獲得高收入的同時，也要做到高保障。在購買保險時，一定要保證高保障型險種與醫療型險種的保額充足。

如果能兼顧子女教育和養老保險，保障就更加全面了。當然，這類收入人群也可以透過分紅險的投資功能來達到籌備養老金的目的。

④如果是國家公務員，因為已經有了基本的社會保險，因此應選擇重大疾病保險作為購險首選。在此基礎上，如果已為人父母，還可以購買一些子女教育險。

一般來說，公務員可將年收入的 15% 用於購買保險，其中 60% 以上用於投保子女教育保險，其餘的用於投保重大疾病保險和意外險。此外，如果有投資意向，還可以選擇投資型保險，比如「萬能＋重疾」或者「分紅＋重疾」這樣的組合。

⑤如果是從事業務性質或危險性較高的工作，建議首先要將保額適當提高。其次，當工作發生調整或者進行人生的重大計畫，比如結婚、生子、購房時，都需要有一筆龐大的費用支出，一定要和壽險顧問約個時間，至少每年檢視保單一次。假如保險有調整的必要，要盡快做出合理調整。

當意外和風險來臨的時候，因為購買了足夠的保險，家庭總收入才不會受到影響，各種投資理財計畫才能夠有條不紊地持續下去。

專家出招

問：你好，我大學畢業後沒有找公司簽約，而是做自由職業，收入不是很穩定。請問，像我這種情況該如何購買商業保險？

答：

自由職業者應優先考慮辦理社會養老保險和醫療保險。社會保險比商業保險優惠，而且繳費基數也可以自由選擇。之後，再根據自身經濟能力和風險承受能力，購買適當數量的醫療保險、意外險和養老保險等。在購買養老保險時，如果你有很強的理財能力，可以購買保費低廉的定期壽險，而後自己做投資來儲備養老金。反之，建議你最好購買分紅型養老保險產品。

汽車保險怎麼選？讓你不再迷茫

現代社會，擁有私家車的人越來越多。當然，隨著一些「馬路三寶」的出現，千奇百怪的交通事故也就不可避免了。因此，為心愛的車購買車輛保險是一件刻不容緩的事情。

就目前來說，車輛險共有九大種類。如果要想買得省錢，又能兼顧車輛的基本「保險」，該如何選取呢？下面，先來了解一下各種車輛險，你可以根據自己的具體情況來選擇哪些必須買，哪些可買可不買。

1. 車體損失險（主險）

車體損失險是指保險車輛遭受保險責任範圍內的自然災害（不包括地震）或意外事故，造成保險車輛本身損失，保險人依據保險合約的規定給予賠償。

2. 第三人責任險（主險）

這個險種屬於強制性保險。以現在的賠付標準，建議最少買 20 萬元，最好買兩三百萬元。總之，這個險種買大的自己安心。特別是新手，還有那些工作壓力大導致開車時精神不易集中的朋友，一定要買。

3. 竊盜險（附加險）

如果你的車在使用過程中一直都在比較可靠、安全的停車場中停放，上下班路途中也沒有什麼特別僻靜的路段，可以考慮不保盜搶險；但如果你的車屬於很常見的、丟失率比較高的車型，那這個險必保無疑。

專家出招

問：請問，車輛出事後，我能自行修理，然後再向保險公司索賠嗎？

答：

不可以。保險合約已有明確規定，應立即向保險公司報案，保險公司會派人及時查勘現場，確定損失。之後，你可以依據保險公司的損失確認結果盡快修車，這樣就不會使理賠出現不必要的麻煩。

孩子的保險選擇指南

孩子在成長過程中不可預知的事情太多，將來萬一有個什麼病或意外住院，有份保險也可以得到保險公司的賠償。當然了，孩子能夠健康成長是每個做父母的心願，但買了保險，也算是給孩子一份安全的保障，有利而無害。保險，為人提供的就是一份保障，不但有物質上的，還有心理上的。那麼，為孩子買保險有什麼注意事項呢？

1. 根據經濟實力來投保

一般說來，在寶寶出生、報完戶口、取得身分證字號後，就可以為他們選購保險產品，主要有意外險、醫療險、重大疾病險等。對於經濟實力一般的家庭，可考慮只買意外險和醫療險，一旦孩子發生疾病或意外後，可以得到一定的經濟賠償，花錢不多，保障不錯。

在為寶寶購買保險時，應該遵守「先近後遠，先急後緩」的原則，按照意外險、醫療險、重大疾病保險的順序來選擇安排。

2. 首選意外、醫療險

很多父母花大量資金為孩子購買教育金保險，卻不購買或疏於購買意外保險和醫療保險，這是一種本末倒置的做法。幼兒寶寶比較容易患感冒、發燒、腹瀉甚至肺炎等疾病，生病住院的機率要比成人高很多。因此，幫孩子投保意外險和醫療保險非常有必要。

小孩的醫療保險一般有兩種，一種是補償型，以實際發生的全部費用為賠付上限，不重複賠付；另一種是根據診斷書賠付的大病險，只要小孩確實患上保險範圍內的疾病，保險公司就會賠付相應的額度。

3. 投保貴精不貴多

投保幼兒險，並不是越多越好。如果想幫孩子買多份不同的保險，之前要仔細閱讀保險條款，尋找理賠程序上沒有衝突的產品，可別花了冤枉錢。

此外，也沒必要一次性買全。因為保險也是一種消費，它也會根據具體情況而發生變化。對於那些經濟條件不是很優裕的家庭來說，尤其是大人自己的養老金尚沒有儲備足夠的情況下，考慮孩子的養老問題確實沒有必要。

最後提醒一句，在投保時一定要選擇有豁免保費的保險，以確保當父母不幸發生意外或不具備繼續投保財力時，孩子仍可以享受不變的保障。

專家出招

問：請問，針對不同年齡層的小孩，在買保險時應當如何選擇險種？

答：

對於 0 ～ 4 歲的幼兒來說，發生呼吸系統疾病機率較高，保險理賠率也較高，應首先考慮疾病方面的保障；對於 5 ～ 14 歲的青少年來說，發生意外的機率會高一些，應優先考慮意外險；對 15 ～ 17 歲的未成年人來說，對將來讀高中、大學甚至出國留學所需的大筆教育金需求迫切，應在意外、健康保障基礎上，考慮儲蓄型保險的規劃。

保費應該占收入的幾成？

在人們越來越注重生命品質、生活品質的今天，保險產品也像「舊時王謝堂前燕」一般，逐漸「飛入尋常百姓家」了。保險，不再是有錢人的專利和多餘的奢侈品，而已成為在現代人的生活中不可或缺的一個重要角色。那麼，一個家庭在保險方面的投入，占家庭總收入的多少才是合適的呢？不同家庭，自然有不同的投保比例。

1. 普通薪資家庭

主要指的是剛踏入社會的年輕人，以及家庭年收入在60萬元以下的家庭。

如果你是剛進入社會的年輕人，更重要的是你在日常花銷方面毫無節儉概念，那建議你適當買一些保險，這樣既可獲得一些基本保障，也可養成強迫儲蓄的習慣。在購買保險時，應首先從儲蓄方面考慮，適合購買儲蓄投資型保險，在獲得保險保障的同時，還可以變相領取一份儲蓄投資。

而對於已經享受「兩人世界」或「三口之家」的普通家庭來說，如果年收入在40萬以下，保險支出不超過10%就完全可以了。因為，此類家庭的大部分收入都用於日常生活開支以及孩子的教育支出。在險種的選擇上，可以考慮購買三項保險：養老保險、重大疾病險以及意外傷害險。而且，保險的側重點也應該是扮演家庭經濟支柱角色的大人，而不是孩子。

2. 中等收入家庭

指年收入在60萬元以上，100萬元以下的家庭，收入穩定。

這類家庭應把握當前經濟壓力較小、節餘較多的有利時機，做好長期保險規劃。以一個擁有100萬元存款的家庭為例，在當前的低利率時代，把 100 萬元全部存入銀行顯然不利於投資理財。投保人完全可以在留存十幾萬元存款以作應急之需後，把剩餘資金用於購買中長期的分紅型年金類保險產品。其產品收益不僅包括了較高的固定報酬，而且還包括了紅利分配。這樣一來，在即將退休的時候，投保人所領取的年金將會使晚年衣食富足。

根據年收入的 10% ～ 15% 用於購買保險的適度原則，年收入為 80 萬的家庭最多可將 12 萬元用於幫全家人購買綜合保險。夫妻二人可以選擇購買重大疾病保險、意外事故險，給孩子的保險則應側重在儲蓄的準備上，以解決孩子將來上學的學費。當然，在購買儲蓄險的同時，也應當為孩子購買一些意外險和重大疾病保險。

3. 高收入家庭

年收入至少在百萬元以上的家庭，擁有房產，銀行存款在百萬元以上。

雖然這樣的家庭收入頗高，但他們日均工作時間、工作壓力也都遠遠高於常人，健康狀況並不理想。因此，對於這類家庭來說，重要的不是透過購買保險獲得更多經濟報酬，而是如何為自己的健康與生命提供保障。此類家庭可根據自己的需求決定投保金額，一般保持在總收入的 15% ～ 20% 為宜。

專家出招

問：我最近剛買了一輛家庭用車，感到手頭資金緊張，想把一年前買的一份保險退了，請問如何能將退保損失降到最低？

答：

不知道你所投的是哪種類型的保險，假設你投的是傳統的長期壽險，建議不要輕率退保。如果實在無力負擔保險費用，或急需現金周轉，那就為你提若干建議吧，希望你在退保前慎加考慮。

◆利用寬限期適當延後繳費日期

一些保險公司對於長期壽險產品，都有寬限繳費期。假設寬限期為六十天，投保人可在寬限期內的任何一天繳費。如果六十天內無法繳費，仍舊可以利用兩年的寬限期，但這兩年內保單會處於一種失效狀態。如果投保人在這兩年內經濟條件好轉，有能力繼續支付保費，就可以申請恢復保單，所有效力不變。

◆利用保單貸款

在保險單的現金價值範圍內，投保人可以隨時向與保險公司合作的銀行提出辦理保單貸款。可以依保單裡面的「保價金」做為擔保，向保險公司借款，如此一來，既不需退保，也能獲得一筆應急可用的錢。

◆ 利用自動墊交保險費

有些險種設計有自動墊交保險費的條款，如果保險單的現金價值大於應繳納的當期保險費和利息，而且投保人事先又有此約定，那麼保險公司為了使保險效力得以延續，會自動墊交應交的續期保險費。在投保時，應盡量利用這一條款。

◆ 辦理減額交清保險

將保險金額縮小，不用再繳納保險費，可以繼續享有保險保障。

◆ 縮短保險期限

在縮短的保險期限內，投保人仍然可以享有原來的保單上規定的各項保障。

保險購買應從家庭經濟支柱開始

在一個三口之家，應當最先為誰來買保險呢？丈夫會說，當然是幫我的妻子和孩子買了，他們才是最需要保護的；媽媽會說，當然是幫寶寶買了，他是我們全家的希望。不錯，妻子和孩子都需要保護，可是真正適合享用家庭第一份保險的人，卻並不是因為她是女性或者他是個孩子，而是因為他（她）是家裡的家庭經濟收入支柱。簡單來說，誰是家庭收入的主要來源者，誰就應該最先去買一份保險。

為什麼呢？道理顯而易見，既然他是家裡的經濟支柱，那麼當這個經濟支柱發生意外或者重大疾病的風險時，家庭的主要收入來源就會中斷，嚴重時還會導致整個家庭的崩潰。因此，最需要受到保護的，應當是這個作為家庭經濟支柱的家庭成員。一旦本末倒置，家裡的頂梁柱倒了，這個家也將搖搖欲墜，難以支撐太久。

秦先生這幾年一直在做建材生意，年收入 250 萬元以上。妻子原來是一個公司的職員，兩人育有一個十歲的女兒，生活寧靜而美好。後來，妻子乾脆辭掉工作，專心在家做了全職太太，悉心照料丈夫和女兒的生活起居。

秦先生有朋友在做保險代理，推薦他為自己和家人買幾份保險，他爽快答應了。但他並沒有將朋友幫他設計的一份 200 萬的壽險計畫放在心上，他想：我現在這麼有保障，還是先為老婆和女兒買吧！就這樣，秦先生為妻子和女兒保了一份重大疾病險和養老險，每年的保費約 3 萬元。

真是月有陰晴圓缺，人有旦夕禍福。一年後的一天，秦先生開車經過一個工地時，被鐵架上意外飛下來的一塊鐵板砸中了車，汽車方向失靈撞在了牆上，秦先生當場死亡……噩耗傳來，妻子悲痛欲絕。

除了工地得到有限的賠償之外，秦先生身後沒有得到任何賠償。他的突然離去，給家庭造成了非常沉重的打擊。所謂人走茶涼，很多生意上的夥伴聞訊，欠帳的全不見人影了，而債主們卻全上門來討債了。最後，秦先生的妻子不得已只好賣掉房子，才將這些債主打發走。從衣食無憂到流離失所，秦太太的生活完全被顛覆了。生活的困苦自不用說，就連丈夫在一年多前幫自己和孩子買的繳費十年的保險，也已經成為她無力承受的經濟負擔，不得不退掉……

秦先生一家的悲劇是誰都不願意看到的，但現實生活中，這種隱患的的確確存在於某些家庭中。在這裡，我想提醒所有打算買或者已經買了保險的朋友，不論在什麼時候，別忘了幫家裡那個最重要的人買一份保險。因為，他不僅承擔著一個家庭的大部分開支，也承擔者家裡所有人的幸福。

專家出招

問：請問一次性繳費和分期付款相比，哪種保險繳費方式更加划算？

答：

就我個人認為，在投保重疾保險等健康險時，盡量選擇繳費期長的繳費方式。一是因為繳費期長，雖然所付總額可能略多，但每次繳費較少，不會給家庭帶來太大的經濟負擔，加上利息等因素，實際成本不一定高於一次繳清的付費方式。二是因為不少保險公司規定，若重大疾病保險金的給付發生在繳費期內，從給付之日起，免交以後各期保險費，保險合約繼續有效。這就是說，如果被保險人選擇十年繳，繳費第二年身染重疾，保險金也拿到了，而實際保費只付了五分之一；若是二十年繳，保險金拿到了，而保費就只支付了十分之一的保費。從這兩個角度來說，分期付款相對划算一些。

保險購買的黃金搭配法則

家庭沒有相應的保險，心裡會不踏實，但是不是保險越多就越好呢？當然也不是。買保險，關鍵講究一個「巧」字！

只要搭配的巧，不用買那麼多險種，照樣保障多多。對於普通的小家庭而言，錢就得花在「刀口」上，明確目前最大的風險是什麼，再有針對性地購買。下面，就跟大家推薦幾種購買保險的搭配法則：

1.「雙劍合璧」—— 消費型加儲蓄型

很多人在投保時都有一個疑問，究竟該買多少錢的保險才合適？雖然有專業人士認為，每個家庭的保費支出占總收入的 10% ～ 15% 較為合適，但每個家庭都有自己的實際情況，只有自己才清楚多大金額是承受底線，「10% ～ 15%」只是一個合理的參考範圍。

保險產品有消費型與儲蓄型之分。兩者雖說保額一樣，但儲蓄型的保費卻比消費型的要高出幾倍，這是因為消費型的保險只保障約定期限，如果在約定時間內未發生保險事故，保險公司不返還所交保費。而儲蓄型則不同，除了基本的保障功能外，還兼備儲蓄功能。如果在保險期內不出事，在約定時間保險公司會返還一筆錢給保險收益人，就好像逐年零存保費，到期後進行整取，與銀行的零存整取相類似。以很多人的消費習慣，可能更加青睞到期可以返還本金的保險。不過對於經濟條件並不寬裕的家庭來說，不妨將消費型和儲蓄型搭配來購買。

舉個例子，假如想獲得100萬保額的重疾險保障，就可以分別購買50萬保額的消費型和儲蓄型重疾險。從三十歲算起，每年交5,000多元用於購買消費型健康險，保障至五十歲，繳費二十年總保費約10萬多元；同時，每年交2萬元用於購買儲蓄重疾險，保障至八十歲，繳費二十年總保費40萬元，到期可返還50萬元保額。這樣一來，返還的50萬元減去儲蓄型保險所交的40萬元保費，餘額就相當於消費型健康險的保費。到五十歲以後，原本用於消費型健康險的這部分保費還可以考慮轉用於養老計畫。如此一來，「雙劍合璧」比單純購買任意一支都更加划算。

2.「兩翼齊飛」── 主險加附加險

買保險不光要注重主險的選擇，附加險的挑選也大有學問。目前，市場上的附加險主要有附加意外傷害及醫療險、附加住院醫療險和附加重疾險等。很多保險公司的附加險種，費率往往比同樣保障內容的主險產品要便宜三分之一到二分之一。而且，有些保險公司在主險產品的設計上並沒有涵蓋所有的險種，這個時候就需要透過附加險來完善保障計畫。在選擇附加險時，有這樣幾個小小的技巧：

①從險種選擇上來看，優先選擇醫療保險，特別是應及早購買一份重大疾病險，再補充常見的健康類附加險（即附加住院費用險和附加住院津貼險）。個人在購買時，可以根據

自己公司的醫療保險福利情況來作出相應的選擇，如果有醫保或公司能報銷一部分，就選擇津貼類保險；反之，則需要購買附加住院費用險，如此才能達到分攤風險的目的。

②附加意外傷害保險通常與定期壽險、終身壽險相互搭配，除獲得普通壽險的死亡保險金給付之外，還可獲得高達主險數倍的附加意外傷害保險金給付。

③一些具有特殊功能（如家庭保單）的附加保險，與健康險搭配比較好。除了承保被保險人之外，還可以擴大至被保險人的配偶及子女。可謂一張保單，全家受益。

在這裡，提醒大家注意兩個情況：

◆ 附加險的效力在時間上從屬於主險

如果主險的效力中止了，那麼附加險的效力也就隨之中止。但是，有一小部分附加險還是能在主險失效後而獨立存在。所以，在購買保險的時候不妨問清楚代理人，附加險是否能在主險失效後繼續有效。

◆ 主險有效，附加險並不一定有效

這是由於附加險期限往往短於主險，如果附加險期滿，保險雙方沒有就續保達成一致，則主險雖然有效，但附加險的效力在期滿後會終止。

專家出招

問：我為父親購買了一份養老險，但我聽周圍鄰居說還有附加險可以選擇。請問，附加險該如何購買，在挑選時該注意哪些問題呢？

答：

所謂附加險，指的是除了保險條款規定的主要險別外，投保人根據需求所加保的一些險別。附加險是主險責任的擴展，也是對主險基本保障功能的擴充，一般不能單獨投保，購買附加險必須以購買主險為前提。只有在主險繳費期內，才可投保附加險。主險可以年繳，也可一次繳清，但附加險必須一年一繳。如果主險保費採用一次性繳費方式，即使尚處於主險保障期內，但因繳費行為已終止，也不能再購買新的附加險種。

另外，在選擇附加險時，要問清楚所投主險的保障範圍，然後根據主險的缺漏，選擇有補充作用、也需要的附加險。切勿貪圖便宜，什麼都想買。且附加險和主險有購買比例限制，投保前務必仔細詢問。

常見的保險理財迷思，你中招了嗎？

隨著人們風險意識的不斷加強，保險作為對家庭財產和人身安全的有效保障，越來越受到人們的關注和接受。但現實生活中，很多人對保險的認知還不夠充分，雖然有著積極良好的出發點，但卻很容易走進保險理財的迷思。

1. 我這麼年輕，用得著買保險嗎？

「看我這身體，哪有什麼病痛。倒是你，該為自己買一份保險了吧，嘿嘿……」表妹經常仗著小我幾歲，極盡所能的打擊我，彷彿她還是一株小嫩草，而我早已是滄桑無比的老枯樹。在我周圍，尤其是一些剛剛步入社會的年輕人，有這種觀點的人並不少。他們還沒有充分了解到人生到處都是不可預測的風險，覺得保險對於他們來說實在太遙遠了。其實，在日常生活當中，難免會發生一些頭痛腦熱、磕磕碰碰的小狀況，就算再小心謹慎，也難免發生點什麼意外。所以，儘管有些人對保險可能還存有偏見，但踏踏實實地買一份保險，才是對自己、對家人一種責任感的表現。

2. 保險的投資報酬率高嗎？可不能虧了本！

保險雖然也是一種投資手段，但它的首要目的是取得風險保障，其次才是投資增值。每每看到有的人一說起保險報酬率就變得急切而又興奮的表情，我就忍不住想問問他：在你心目中，是健康重要還是金錢重要？再說，風險保障程度高的保險是不能返還保險費的，而那些具有返還保險費功能的保險，風險保障程度又比較低。在為自己或家人購買保險時，比較明智的做法是從自己的繳費能力出發，先安排保障，再考慮投資，條件允許的情況下可將兩類保險組合購買。

3. 買保險？甚至不如存銀行

保險好比家庭財務的守門員，當風險來臨時，它可以有效避免家庭財務陷入危機，屬於避害型產品。而基金好比家庭財務的前鋒，帶來的是預期可能的增值，屬於趨利型產品。銀行儲蓄在家庭理財中以其方便性、靈活性、安全性而頗受大眾的歡迎，但恰恰由於它的靈活性和存取的方便性，使某些家庭因為缺少規劃而始終無法達成儲蓄目標。即使達成了一定的儲蓄目標，如果沒有保險的保駕護航，也難免會因為一些突發事件而使多年的積蓄化為烏有。

4. 保險，買時容易理賠難

保險理賠當然不像拿存摺到銀行取款那樣簡單易行，而是要經過報案、索賠、核實再到批准發放賠款這樣一個程序。事實上，很多人對理賠難的印象只是來自於「聽說」，而非真正親身經歷。單從「理賠」這個角度來講，只要合乎道理和程序，即可獲得賠付。

5. 買了幾年保險沒發生意外，保險費白繳了

有些人覺得買保險不划算，是由於這樣一種心理：如果沒發生什麼意外，我這保費不就等於白花了嗎？可要是真出點什麼事，又覺得是保險帶來的厄運。其實說心裡話，誰也不希望有什麼意外發生，買保險只是以防萬一。「不出事，我為人人；出了事，人人為我」，這才是保險的作用。

6. 只為孩子買保險就行了

很多人認為，孩子才是家庭的重點保護對象，只為孩子上了保險就行。其實，大人孩子都需要保險。而且在買保險時，應當遵循「先大人後孩子」的原則，把「家庭支柱」保障好了，孩子也等於有了最起碼的保障。

專家出招

問：請問，懷孕以後還能買商業保險嗎？

答：

保險公司對懷孕後女性通常都會有投保上的限制，每家保險公司的規定不太相同，通常都是懷孕

28 週或 32 週前可以投保，在懷孕 28 週到 32 週內提供孕婦手冊或是醫生檢查報告等都有機會，超過這段時間以後，保險公司就幾乎不會受理了。

此外還要注意，雖說懷孕 28 週或 32 週前保險公司可以受理，但條件相對來說也要苛刻一些，首先，懷孕後女性的保費比沒有懷孕的要高；其次，保險公司一般會要求孕婦做身體檢查，以確定其身體狀況。

所以，如果女性朋友想在懷孕期間給自己和寶寶更多的保障，最好儘早諮詢適合自己的險種，在懷孕前至少一年就做好保險計畫。

第 6 章
「房」事：
購房理財不容小覷

買房之前的必修課

生活需要成本，而這些成本中分量最重的一項，就是房貸。無論在世界的哪一個角落，可以沒有繁華的街道，可以沒有繽紛的夜景，可以沒有咖啡館，可以沒有音樂廳……但有一個絕對不能沒有，那就是房子！否則，你就只能是個流浪漢「漂流族」，在人來人往的擁擠街道，浪跡天涯。

很多年輕人說起房子就心生鬱悶，因為攢錢的速度永遠都跟不上飛漲的房價。所以，有的時候竟然很羡慕蝸牛，就連它都有一個屬於自己的家，哪怕這個「家」只是一個小小的殼。不過也不能太悲觀，只要心態積極、奮力拚搏，合理規劃自己的理財方式，房子的夢想總有一天會實現。

在一次同學聚會中，王同學對年輕人如何買房的一番深刻見解，讓我們對他立刻刮目相看。原來，他也是在請教了專業人士之後，在我們面前現學現賣而已。不過聽起來還是很有道理的。下面我們們就聽聽王同學是怎麼解說他的高論的。

1. 畢業後兩年內，可以考慮租房

王同學說：「年輕的朋友們經歷了各種社會變遷，工作後面臨的第一個問題就是持續高漲的房價，這對於剛剛踏入社會的年輕人來講，是個無法逃避的殘酷現實。年輕人普遍理財意識不強，基本上都是『月光族』，沒有積蓄，因此這個時候可以選擇租房來解決居住問題。」

「另外，在租房時可以選擇合租的形式，最合適的做法是由兩三個人承租兩室一廳，彼此既有獨立的空間，但又不會感到寂寞，適合年輕人既喜好熱鬧又注重個人空間的生活觀念。」

2. 畢業 2 ～ 5 年後，工作步入相對穩定期，可以考慮購買中古屋

我們對上一點剛聽明白些，王同學又接著話匣子說：「對於已經工作了 2 ～ 5 年的年輕人，工作步入相對穩定期，收入也較之以前有了很大的提高，如果厭倦了租房生活或者是打算買房結婚，可以選擇購買總價較低的中古屋。如果父母的經濟較為寬裕，可以先讓他們幫忙支付首付款。這樣，你只需要承擔每個月的房貸就可以了。」

「如此一來，既可以將自己的個人積蓄進行合理規劃，用於投資理財，又可以選擇更為合理的貸款方式。在此階段購買中古屋，是年輕人實現購房夢想的重要一步，兼顧居住與投資兩大功能，尤其以購買車站周邊、學區及公園附近的中古屋為最佳。」

「這裡需要注意的是」，說到這裡，王同學清了清嗓子，一本正經地繼續說道，「如果是貸款買房，在選擇房貸方面，為了不使生活品質驟然下降，一個家庭的月還款額以不超過家庭月收入的 30% 為宜。」

3. 十年期滿後，事業略有小成，可以考慮升級置業

說完第二點，我們同學中有一個人問道，那對於工作滿十年左右的人來說要如何規劃買房問題呢？王同學看到有人問他，於是精神更加抖擻，說：

「年輕人可以說是國家經濟發展的中堅力量，無論從哪方面來說，施展個人才華的機會都非常多。如果首次買房子就將目標訂得太高，過早將所有積蓄投入到房產中，並且為了確保還房貸而不敢輕易變動工作，不但對個人事業的發展有較大影響，而且也會較早承擔持有房地產的壓力。因此，年輕人在買房規劃中，應當結合自身發展，理智消費，在工作滿十年後，事業略有小成之時，不妨再考慮升級大房子。此時，將手中的中古屋出售，就可以作為『以小換大』的主要支出來源。」聽完王的回答後，「老實人」稍微點了點頭，表示苟同吧！

4. 無論何時，購房當量力而行

我們幾個看到王同學這樣賣命解說，也就沒再繼續打擾他，王同學也覺得到了要說結語的時候了，於是，他故意提高了嗓門說：「年輕人的一代，個人發展會經歷不同的階段。買房規劃應該從實際出發，按照不同階段的經濟條件量力而行，先租房，再購中古屋、小房，最後購買新房、大房，這才是投資房產的合理理念；與其早早成為「房奴」，不如改變觀念，根據承受能力進行分步消費。」

專家出招

問：我周圍的幾個年輕人同事經常說，「我很想做房奴，可我現在連做房奴的資格都沒有」，難道我們年輕人必須將自己逼成「房奴」，才是有實力的表現嗎？

答：

不是每位年輕人都迫切需要自己置業。在條件不成熟的情況下，租房也是一種理智的選擇。租房的靈活性大，風險也較少，這樣可以使自己輕鬆上陣，投入到自己喜歡的職業生涯或者創業中去，等到資金積蓄到一定程度，買房也就是自然而然的事情了。在年輕的時候，不需要累積太多的固定資產，只要累積了充足的「智慧」和「能力」，購房夢想就會離你很近很近了。

一次付清還是分期付款？優缺點大對比

有一個廣為流傳的故事：

有一位華人老太太，含辛茹苦過了大半輩子，終於在臨終前存夠了買房子的錢，搬進去只住了一天，就死了。還有一位美國老太太，在年輕的時候透過貸款買了一套房子，一輩子住得舒舒服服的，在她臨終的前一天，終於把貸款還清了。

我們的上一代，大多走的是華人老太太的路線，年輕的時候辛苦存下每一分錢，期望能在有生之年住上一套寬敞明亮的大房子；而我們這一輩，卻慢慢走上了美國老太太貸款購房的道路，住在大房子裡，然後用下半生的收入去還貸……

貸款買房子，早已經為大眾所接受。面對巨額的房款，有多少人可以眼皮都不眨一下的一次付清？當然有，但只是少數。不能因為有能力一次付清，就把分期付款說得一無是處，也不能因為選擇了分期付款，就能說明它完美無缺。看問題要一分為二。所以，不管是哪一種付款方式，都有利有弊。

1. 一次性付款的好處與弊端

一次性付款指在合約約定的時間內，購房者一次性付清全部的房款。在過去，一次性付款是最常見的一種付款方式。目前，這種付款方式大多用於低價位的房屋銷售。

其優勢表現為：購房者一般能從銷售商處得到整個房款的 5% 左右的優惠；如果是成屋，能很快獲得房屋的產權；如果是預售屋，則這種付款方式價格最為便宜。對於經濟實力比較雄厚的家庭來說，一次性付款既可以省去每月還款的麻煩，還可以免去貸款的巨額利息，較早獲得房屋產權，可謂省時又省力。

其弊端表現為：需要籌集大筆資金，對經濟能力有限的購房者來說，壓力過大；如果是預售屋的一次性付款，有可能會造成利息或者全部房款的損失，具有很大的風險。

2. 分期付款的好處與弊端

分期付款是目前大多數購房者選擇的付款方式，指購房者交付首款後，根據雙方約定時間或建築工程進度逐次付清剩餘房款，又分為免息分期付款和低息分期付款。

其優勢主要表現為：可以緩解一次性付款的經濟壓力和精神壓力，也可以用房款來督促開發商履行合約中的承諾；購房者可以對工程進度及品質進行控制，一旦發生問題，能及時將損失程度控制在最低。

其弊端表現為：分期付款隨著付款期限的延長，利息會很多，到最後所付的房款額會比一次性付款的房款額高很多；其次，購房者要對自己的未來收入有足夠把握，否則會因不能按時履約而承擔經濟損失和賠償責任；再次，相對於一次性付款，分期付款難以享受房款的優惠折扣。

專家出招

問：作為一名普通的上班族，我在選擇貸款方式時需要考慮哪些因素呢？

答：

選擇貸款的時候，要對自己的購房能力進行一次自我綜合評估，然後再做出決策。首先，看自己是否有不低於所購房價 30% 的首期付款，因為絕大多數開發商對這個都有硬性要求；其次，評估自己每月還貸的能力，看自己每月的家庭收入及其他變現強的金融資產和每月的支出與備用資金的差額，是否大於住房貸款每月所需償還的貸款本息，做到心中有數；第三，在此基礎上，根據自己的能力選擇合適的房貸。

五步走，買房最放心

對於普通老百姓來說，買房可以說是一生當中最為奢侈的消費之一。如此昂貴的東西，在購買時可得使頭腦保持300% 的高度清醒，不能有絲毫的閃失。

在買房子的時候保持一種冷靜、謹慎的態度，還是非常有必要的。在打算成為「房奴」之前，最好對欲購房屋的情況進行詳細的調查，對購房所涉及的法律問題以及購房所應辦理的各種手續都有所了解之後，再做出決定也不晚。

我朋友的表哥夫妻倆想要買一套房子，託我朋友向我問問關於買房子的注意事項或者說是步驟，我想了想就對我朋友說了下面幾點，也讓他轉達給他的表哥。

一般來說，理智購房要經過以下六個步驟：

1. 制定合理的購房預算

買房之前，要先綜合家庭的儲蓄情況、可獲得的各類貸款以及向親友借錢的數目等各種因素，來估算自己的實際購買能力，最終確定所要購買的房屋類型、面積和價位。一份合理的購房預算，主要包括以下幾個方面：

- 家裡可動用的資金有多少；
- 打算購買多大面積的房子；

- 調查物業管理的各項支出；
- 衡量家庭償還貸款的能力；
- 確定買房子時的稅費支出；
- 準備必要的諮詢服務費用。

2. 全面收集購房資訊

生活在強大的資訊時代，最大的好處就是不用費吹灰之力，想要的資訊手到擒來。各種媒體廣告、開發商或代理商郵寄、發送的各式宣傳品等，都具有強大的資訊量；另外，可以親自去房地產交易展示會考察一番，與房地產行銷人員直接交流也是一種不錯的資訊獲取方式，有時候他們為了賣房子，對你會「知無不言，言無不盡」的。

3. 進行實地考察

從大量的資訊中終於選出一處房子後，一定要進行實地考察，眼見為實。我對我朋友說：「這一點你對你表哥轉述時一定要強調一下。」房子內部的考察，主要包括：房屋的建築面積、使用面積的大小，房屋的建築品質，裝修標準、裝修品質，房屋的附屬設備是否完備，房間的隔音效果如何，天花板、牆壁、地面、門窗是否有損壞，內部設計是否合理等等。房子外部的考察主要包括：房子的位置、朝向、外觀造型、樓梯、電梯、走廊等。此外，還要注意房子的戶外景觀、周邊環境、交通條件以及各種公共配套設施的設置。對某些方面存在疑問時，應當直接向現場的售樓人員詢問，真正做到心中有數。

4. 註明交房期及「五通」

在簽訂購房合約時，一定要寫明交房日期，同時註明「五通」(即通電、通水、通氣、通車、通郵)等條件，明確雙方違約責任，避免日後不必要的麻煩。

5. 辦理房屋產權過戶登記

購房手續的最後一步就是辦理房屋產權過戶登記，領取房屋及土地的所有權狀。至此，整個購房過程全部結束。

聽我說完後，我朋友點了點頭，並表示一定把這五點向他表哥轉述好。

專家出招

問：請問，除了最常規的注意事項之外，買房子還有沒有什麼訣竅，比如可以省錢之類的小技巧？

答：

想買省錢房，還是有一定技巧的。最有效的技巧就是利用好二手市場，在二手市場經常有一些急於出售的房子，只要你出的價格還算合理，賣方一定會與你成交的，甚至是虧本成交。

有些開發商在正式出售時，為了營造旺銷的氛圍，往往會做一些切實的讓利，其優惠的可信度較高。

有些房子本身有一些缺陷，不過在修繕後完全不影響正常使用，這樣的房子在價格上會有一定的折扣，也可以考慮。

提前還房貸的撇步

沒房子的時候，打從心裡羨慕「房奴」，人家至少有個自己的「窩」。好不容易終於擠進「房奴」大軍，做了其中一員，但卻恨不得立刻甩掉身上的包袱，成天思索著如何解脫……這就是我的一個朋友最近一兩年的心路歷程，生活得十分糾結！年底將至，他又開始嘮叨提前還貸的事了。

其實，想要提前還貸，了解下面這幾件事情就簡單多了：

1. 貸款初期，提前還貸較划算

對於想擺脫房貸的人來說，提前償還房貸最好在初期剛購房貸款時就提出來，這樣比較划算。為什麼呢？試想一下，如果自己的房貸已經超過五年或者十年，甚至更長時間，已經支付了大量的貸款利息，而且最艱難的時期已經成為過去。這時再去辦理提前還貸，根本沒有多大的必要和意義了。

2. 一年後還貸，宜選本金平均攤還法還貸

對於尚未開始為自己所購房屋供款的購房者來說，如果打算在購房一年之後就提前償還房貸，應該考慮採用本金平均攤還法來償還。目前，銀行房貸最常用的還款方式有兩種：一是本金平均攤還法，二是本息平均攤還法。

本金平均攤還是指一種貸款的還款方式，是在還款期內把貸款數總額等分，每月償還同等數額的本金和剩餘貸款在該月所產生的利息，這樣由於每月的還款本金額固定，而利息越來越少，貸款人起初還款壓力較大，但是隨時間的推移每月還款數也越來越少。

此種還款方法也便於根據自己的收入情況，確定還貸能力。

此種還款模式支出的總和相對於等額本息利息可能有所

減少，但剛開始時還款壓力較大。

如果用於房貸，此種方法比較適合工作正處於高峰階段的人，或者是即將退休的人。

本息平均攤還法，也稱定期付息，即借款人每月按相等的金額償還貸款本息，其中每月貸款利息按月初剩餘貸款本金計算並逐月結清。

由於每月的還款額相等，因此，在貸款初期每月的還款中，剔除按月結清的利息後，所還的貸款本金就較少；而在貸款後期因貸款本金不斷減少、每月的還款額中貸款利息也不斷減少，每月所還的貸款本金就較多。

這種還款方式，實際占用銀行貸款的數量更多、占用的時間更長，同時它還便於借款人合理安排每月的生活和進行理財（如以租養房等），對於精通投資、擅長於「以錢生錢」的人來說，無疑是最好的選擇！

儘管本金平均攤還法被炒得沸沸揚揚，但是很多人還是不太清楚自己究竟適合哪種還款方式。一般來說，本金平均攤還法肯定要比本息平均攤還法支付的利息少些，兩種還貸方式在提前還款時都是根據占用多少本金歸還相應比例的利息來計算的，兩者的差別不是很大。

兩種還款法的比較：

從某種意義上說，購房還貸，本金平均攤還法（遞減法）

未必優於等額本息法（等額法），到底選擇什麼樣的還貸方法還要因人而異。「本息平均攤還法」就是借款人每月始終以相等的金額償還貸款本金和利息，償還初期利息支出最大，本金就還得少，之後隨著每月利息支出的逐步減少，歸還本金就逐步增大；「本金平均攤還法」（遞減法）就是借款人每月以相等的額度償還貸款本金，利息隨本金逐月遞減，每月還款額亦逐月遞減。

兩種還款方法都是隨著剩餘本金的逐月減少，利息也將逐月遞減，都是按照客戶占用管理中心資金的時間價值來計算的。由於「本金平均攤還法」較「本息平均攤還法」而言同期較多的歸還貸款本金，因此以後各期確定貸款利息時作為計算利息的基數變小，所歸還的總利息相對就少。

究竟採用哪種還款方式，我個人建議還是要根據個人的實際情況來定。「本息平均攤還法」每月的還款金額數是一樣的，對於開始工作不久的年輕人來說，選擇「本息平均攤還法」比較好，可以減少前期的還款壓力。對於已經有經濟實力的中年人來說，採用「本金平均攤還法」效果比較理想。在收入高峰期多還款，就能減少今後的還款壓力，並透過提前還款等手段來減少利息支出。另外，本息平均攤還法操作起來比較簡單，每月金額固定，不用再算來算去。

總而言之，本息平均攤還法適用於現期收入少，負擔人口少，預期收入將穩定增加的借款人，如部分年輕人，而本金平均攤還法則適合有一定積蓄，但家庭負擔將日益加重的借款人，如中老年人。

3. 提供良好紀錄，爭取利率優惠

如果購房者想提前還房貸，對所剩餘的購房貸款，在利率等方面就會存在一些不確定因素。為此，購房者最好在向銀行提出想提前償還銀行房貸以前，盡可能向銀行提供自己以往的良好還貸紀錄、自己的信用度證明以及近幾年的收入水準證明等，盡最大努力取得銀行方面的利率優惠，以爭取到銀行提前償還房貸的最低利率下限。

4. 掌握提前還貸的步驟

①查看貸款合約中是否有關於提前還貸的要求，提前還貸是否要交一定的違約金。

②向貸款銀行電話諮詢提前還貸的申請時間及最低還款額度等其他所需要準備的資料。

③按銀行要求提出提前還款申請。

④攜帶相關證件到借款銀行辦理提前還款相關手續。

⑤提交申請表並存入提前償還的款項。

此外，提前還款還需要注意以下兩個方面：

- 由於各家銀行對於提前還貸的規定不盡相同，因而購房者在提前還貸前一定要記得弄清貸款銀行的具體操作流程，以及是否需要交納違約金以及交多少等。
- 去保險公司辦理退保手續

專家出招

問：對於普通購房者來說，提前還貸划算嗎？

答：

關於提前還貸，許多購房者都心存疑慮。我個人認為，如果有能力的話，提前還貸當然比較好。因為雖然住房利率已經是優惠利率，但對於大部分人來說，畢竟「無債一身輕」。至於提前還貸合不合算，關鍵因素要看購房貸款的利率也就是資金的使用成本。當你能夠運作空餘資金，使它的資本報酬率高於貸款的利率時，就不應當提前償還貸款，否則，有錢還是還給銀行比較好。另外，當購房者提前償還貸款時，有必要向銀行申明此款只是償還本金，這樣可減少不必要付出的利息。

投資還是居住？買房的雙重目的分析

對於大多數購房一族來說，買房子是為了滿足自身居住需求，而對於那些資金比較充足的人來說，在房價一路飆升的時候投資房地產，無疑是一種收益頗豐的投資方式。在公司裡閒聊，經常有人這樣「暢想」：

「哎，假如有一天你中了兩千萬，第一件事要做什麼？」

「那肯定是去買房子嘛！等我有了錢，想買城裡買城裡，想買郊區買郊區。一次買兩套，一套住人，一套養豬……」

「呃，你總算比買兩杯豆漿的人有點出息。要不然這樣，你要是覺得沒地方用就送我好了，我也去嘗嘗投資房地產的滋味！」

……

話說回來，不管是用來居住的房子，還是用來投資的房子，只有買到合適的，才能達到預期目的。那麼，怎麼才能算是買到合適的呢？當然是把握好「側重點」，既然用途不同，在購買時所考慮的側重點自然也就不同。

李嘉誠有一句很經典的話：「投資房產沒什麼竅門，就是地段、地段、地段。」除了地段，買房子作為投資，還得從下面這幾方面加以考慮：

◆ 分析房地產價格的走勢

在做房地產投資時，要仔細分析影響房地產價格的五大因素：人口因素、社會因素、國際因素、經濟因素以及制度政策因素。首選選擇價格低於或者接近於其價值的房地產，只有這種房地產才會有價格上升的空間，作為投資者，才會有較大的增值收益。

◆ 做好中長期投資的準備

房地產需要投入的資金較多，價格變動的週期也長，因此其增值效果一般也要一段較長的時期才能表現出來。所以不可操之過急，要做好中長期投資的心理準備和經濟準備。

◆ 預算好後期的費用支出

為了保證實際投資效益，投資者不僅要考慮到一次性購入房子的費用，而且還要考慮到購入以後經常性的維修、養護等各項必要支出。

◆ 做好應對風險的準備

充分考慮各種可能出現的風險，並做好應對準備。比如：選擇地點不佳，有可能導致房子不易出手；價錢過高，導致房子無人接手；產權不清，導致再次買賣的程序複雜化；購入後維修、養護費用過高等。

如果買房子是用來居住的，可以在購買時重點考慮以下問題：

◆ 地段

選擇地段，最重要的就是要考慮自己生活工作的便利性，最好在自己生活、工作最適合的一個半徑範圍。此外，看周圍的配套設施，比如交通、人文、教育、醫療等，這些都是判斷地段好壞的重要因素。

◆ 面積

年輕人買房子，從經濟角度來考慮，一般會選擇小型，這樣經濟壓力會小一些。相反，那些有一定經濟基礎的人，通常需要面積更大、品質更好、更能滿足眾多居住要求的房子，選擇這樣的房子，即使經濟條件不錯，其價錢最好也控制在所能承受的範圍之內。

◆ 樓間距

買房子時，要考慮到樓間距的問題，必須達到日照、通風、採光等有利於居住的最低要求。

◆ 使用率

房屋使用率是房地產市場上一個約定俗成的參考指標，是指房屋的使用面積與建築面積的比例，用百分比表示。房屋使用率的計算公式：房屋使用率＝房屋的使用面積 ÷ 建築面積。

◆ 層高

最底層一般為 2.7 公尺，淨高不低於 2.5 公尺。

◆ 採光通風

這是判斷房子是否值得購買的一個重要原因，也是影響居住品質的一個重要方面。一般來說，要求至少一面採光，廚房、臥室必須要有直接採光，衛浴空間也要具備良好的通風條件。

專家出招

問:我一個朋友有一套剛裝修完的三房住屋，地段、設施都很不錯，前不久她又繼承了一套祖父留給她的二房住屋。她很困惑，到底是把那套二房住屋賣了划算還是租出去划算？

答：

如果你朋友現在住的房子在地段、房型上都比較不錯，又不急需用錢的話，可以暫不考慮賣掉房子，把那套兩房住屋暫時租出去就可以了。因為房子出租可以保留房子的產權，而且每月還能收取「租金」，既保證了長遠利益，又兼顧了眼前利益，是一種「安全」與「獲利」的最佳結合。

中古屋購買，那些不容忽視的細節

買中古屋的目的多種多樣，有的是為了結婚，有的是想改善居住條件，還有一些是為孩子上學選「學區房」……不管是出於什麼目的，在購買中古屋時，都要將各方面的情況考慮透徹。否則，一個不小心就會掉到「陷阱」裡。

趙姨一直想為女兒買套學區房，前段時間她相中一套 42 坪左右的房子，房價也比一般還要便宜。她原以為這套房子之所以便宜是因為臨著馬路，但房仲介紹說，這幢房子恰恰位於社區的中心。趙姨一聽，興沖沖去現場看了房子。房子所處的地區確實在社區中心位置，但位在一樓。因為社區內大多是高層住宅，一樓幾乎受不到陽光直射。「難怪比其他的要便宜那麼多呢，原來一年四季都見不著太陽！」看完房子，趙姨不無遺憾的說。

買中古屋也不是件容易的事情，價錢是便宜了，但需要考慮的問題似乎卻更多了。

◆ 首先，產權歸屬問題

中古屋交易最重要的一項。在購買中古屋時，一定要弄清楚房屋產權的歸屬問題，凡是有產權糾紛的，或者是有部分產權、共有產權、產權不清、無產權的房子，即使價格再合理、環境再優越，也不要購買，否則會帶來很多日後的麻煩。此外，要注意房主與賣房人是否為同一個人，並且到房地產管理部門進行核實。

◆ 其次，房屋結構問題

有些中古屋的房屋結構相當複雜，特別是那些經過多次改造的房子，房屋結構都不太樂觀。因此在購買時，不但要了解房屋建成的年代（有的房主為了盡快出手，故意隱瞞房屋建成時間），還要了解其建築面積和使用面積是否與所有權狀上所標明的相一致。此外，還要考慮房屋布局是否合理、各項設施是否齊全，尤其是房屋是否經歷過具有破壞結構的裝修、有無私搭、天花板是否滲水、牆壁有無裂紋等情況，以免購買後既要加大維修費用，又住得不夠踏實放心。

◆ 第三，周邊環境、配套設施問題

如今，隨著人們生活水準的不斷提高，對居住環境及配套設施的要求也越來越高。在購買中古屋時，要認真考察房屋周圍有無汙染源，如雜訊、有害氣體、水汙染、垃圾等。此外，房屋周邊環境、社區安保、衛生清潔等方面有無不妥，都要進行實地考察。

◆ 第四，房地產管理問題

對房地產管理的考察，主要考察房地產公司的信譽。此外，保全人員的基本素養和保全裝備、管理人員的專業水準

和服務態度、社區環境是否清潔衛生、各項設施設備是否完好等，都是判斷一個房地產公司是優是劣的基本標準。此外，還要了解房地產管理費用的收取標準，水、電的價格以及停車位的收費等，了解是否建立了公共設施設備維護專案基金，免得日後支付龐大的維修養護費用。

◆ 第五，辦理交易手續問題

中古屋的交易手續一定要親自到交易場所辦理。有的人在購買中古屋時，一怕麻煩，二容易輕信他人，三為了節省一點交易手續費，於是在售房人的花言巧語下，由售房人全權代理辦交易手續，結果上當受騙使房屋所有權得不到法律的保護，糾紛在所難免。因此，在購買中古屋時，一定要辦理正規的產權交易手續，最好買賣雙方能夠一手交錢一手交權狀，最大限度保證雙方利益都不受損。

專家出招

問：如果中古屋市場十分火熱，我就想貸款購買一套中古屋用於投資，請問其獲益可能性有多大？

答：

對於中古屋的投資，要結合其所購地區以及自身的實際情況來具體分析，只有留有一定的選擇空間和餘地，才能從長遠規劃將房產作為一種投資手段。貸款投資中古屋在經濟收益上並非都划算，存在著一定風險。但是，如果月還款總額不超過家庭月收入的 30%、貸款總額占房產總額的 50% 以下，也不失為一種好的理財方式。

第 7 章
愛車不易：
汽車也要精打細算

買車前，你應該考慮的五大問題

與買房子一樣，買車也是件不容易的事。從萌生買車的念頭到將這一行動付諸實施，中間得經過多少「風雨」啊！

同事簡小姐自從喬遷新居之後，就開始考慮買車的事了，為什麼？公司離家太遠了！可是說起來容易買起來難啊，關鍵就是資金問題得不到解決。她有一句經常掛在嘴邊的「名言」：「錢不是問題，問題是沒錢。」經過一段時間的糾結，她和老公還是做出了最後的決定：買！再次動用了家裡所剩不多的積蓄，再加上從父母那裡拉來的「贊助」，簡小姐終於在一個週末將愛車開回了家。

對於一般家庭而言，買車除了要準備好足夠的錢之外，還得理清楚這麼幾件事情。首先，為什麼要買車？別覺得這個問題多此一舉，只有解決了這個問題之後，才能考慮其他更多的細節問題。比如：買車是為了長途奔波呢，還是僅僅用於上下班的時候免受擠公車之苦？主要是在高速公路上行駛呢，還是在城市街道上開？這些問題都了解之後，就該考慮以下問題了。

1. 投資金額

汽車作為消耗性產品，在估算購車費用時同時也要考慮養車費用。對於家底有限的人來說，高額的養車費是無法忽視的一筆開銷。養車費主要包括燃油費與汽車保養費用，此外還有保險費、停車費、年檢費等其他相關費用。在做買車預算時，需要考慮家庭存款情況、收入情況以及家庭基礎建設情況。只有做到心裡有數，才能避免走入購車時的價格迷思，大大節省購車時間和精力。

2. 買車容易養車難

許多有車一族都感慨：買車雖然只是一筆交易，養車卻是個系統龐大的工程。私家車越來越多，停車難的問題也隨之而來。如果所居住的社區不方便停車，那一定要提早做好打算。

其次，高昂的維修費用也讓許多私家車主頭疼不已。有些時候，汽車的維修費用甚至已經超出最初的購買費用。這樣一筆「突如其來」的開支如何預算，在決定買車時可得考慮清楚。

3. 使用效率

購車之後，如何有效使用也是一個值得考慮的問題。由於車輛的使用大多在都市，所以道路擁擠、交通堵塞的情況在所難免，這就提醒即將要買車的人在購車之後必須注意用車時間，尤其要避開週一的早尖峰和週五的晚尖峰。在很多大城市的這兩個時間段，開車的速度比不上步行的速度。很多人在買車之後因為交通狀況欠佳，又回過頭來覺得開私家車不如擠公車。假如真的讓這筆投資白白閒置，實在很划不來。

4. 性能與價格

在選擇車輛性能時，應該依次考慮這幾點：

- 安全性。也就是煞車、車廂的防撞結構以及安全氣囊等；
- 環保。一定要達到相關法規所涉及的指標；
- 動力性能。如果沒有必要，盡量不要選擇大排氣量的車。

對於大多數打算購車的朋友來說，價格永遠是一個核心問題。為了讓家庭負擔最小化，一定要選對購車時間。一般情況下，月底、季底以及年底，都是購車的大好時機。因為這些時候，商家業務人員要設法完成他們的定額，自然會在價格上有所優惠。此外，各大汽車廠商通常會在年底進行各種促銷和一次性讓利活動，這也是不容錯過的好機會。

專家出招

問：我親戚想買一輛中古車，請問除了交易價及過戶交易費之外，還需要預留一些其他什麼費用嗎？

答：

除了過戶交易費之外，「保險」也是需要注意的一筆費用。如果這輛車的保險快要到期了，在買來之後就要準備花一筆錢買車險，這無形中就增加了購車人的支出預算。此外，保養費用也要計劃在內。在購買中古車時，要向原車主詢問一下上一次保養的時間，如果時間較長，應立即去修理廠或保養店做保養檢查，及時更換那些需要換掉的零件。

五個妙招教你如何買車不花冤枉錢

雖然汽車在很多人眼裡是個「面子」工程，但在買車的時候，建議大家還是不要怕傷了面子。多跑幾家店，多費些口舌，還是能省下不少真金白銀的。這裡就為大家介紹五個買車省錢的必殺妙招，如此這般，在購車時既能省下不少銀子，又能將愛車順利開回家。

1. 確定價格底線

買車之前，先定一個自己能夠接受的心理價位，然後再在一些價格相近的車型中尋找最心儀的車。很多人在實際的看車詢價過程中，其購車欲望很容易在業務人員的熱情建議下不斷「升級膨脹」，直到最後，才猛然發現自己看上的車比原來預算的貴了成千上萬元都不止。因此，事先定一個價格底線非常有必要。

在具體劃定這一底線時，不但要考慮到車的價位，還要將牌照競拍的費用以及保險與各種養路費、社區停車費等開支一併考慮。比較簡單易行的操作方法是，先計算牌照競拍的費用，留意一下最新的成交均價，然後再預備五萬元左右的錢，用來支付保險以及各種相關的費用。

2. 關注競爭車型價格變動

決定要買車時，首先將自己心儀的車型作為一個「參照物」，然後觀察它的競爭車型近期有沒有降價動作。如果有，說明你心儀的車型離降價也不遠了。道理很簡單，同級別的車想要生存，就得遵循市場法則。如果競爭車型沒降價，那就要觀察你心儀的這款車有多久沒有降價，或者最近的銷售量是否有所下滑，如果答案是肯定的，那麼恭喜你，它離降價也不遠了。反之，如果這款車型年內已多次降價，估計降價的空間不會太大了。

3. 冷門車關注維修價格

所謂「冷門車」，是指那些在車市上似乎從來就沒有熱銷過的車。其實在冷門車裡，不乏技術與品質都不錯、頗受行家推崇的車。但市場規律是，凡是銷量不大的車，維修起來也比較麻煩或者昂貴。如果你看上的恰恰就是一款冷門車，在買車以前就需要認真研究一番了。對於冷門車的車主來說，定期保養不可缺少。尤其在外出跑長途之前，這種車可能因為在你所要去的地區比較少見而難以維修，即使可以維修，費用也會很高。

4. 明明心儀卻不動聲色

選好車型之後，就到了談價錢的關鍵時刻。買車時，最好多帶幾個朋友去，大家事先商量好想要的最低價格，在與業務人員「談判」時，不到最終價格千萬別暴露誰是真正的買主。同時，還要講究「策略戰術」：一個堅持要買，另一些人卻堅持要去買其他車型，而且態度要表現得極其認真。遇到這種情況，商家為了做成生意，幾乎都會降點價格。這種殺價方式不僅考驗顧客的心態，更考驗業務人員的心理素養。但要注意的是不可胡亂殺價，否則演技再高也難與業務人員達成一致。

專家出招

問：我想團購一輛車，朋友建議我去經銷店看看情況。之前聽說團購都是在汽車交易市場裡進行的，經銷店也可以團購嗎？

答：

可以的。經銷店的銷售除了有專門針對一般客戶零售的系統外，還有一套專門針對大客戶、重點客戶購車的制度和人員。一般來說，那些針對大客戶、重點客戶購車而制定的措施，通常在售價、隨車贈送、保養方面比針對一般的零散客戶有更多的優惠。所以以團購名義，爭取按大客戶或重點客戶來購車，也可以節省一部分費用。

問：假如我的車已經過了保修期，如何保養可以更省錢？

答：

在各種養車費裡，維修保養的費用最有「伸縮性」。如果過了保修期，你可以選擇做常規保養和處理一些小毛病。買配件的時候，可以和其他有車的朋友一起團購，按批發價購買更優惠；如果條件許可，還可以儲備一些耐用件和易損件，以備不時之需。最後說一句，維修保養能不能省錢，關鍵在於你對車的了解有多少。如果自己是行家或者身邊有技術高明的親戚朋友，那就能省則省。否則，還是建議你透過正規管道來對車進行養護，就當花錢買個心安。

貸款購車的注意事項

生活水準的日益提高，使得越來越多人加入到購車者的行列，但是否所有人都具備一次性付清車款的能力呢？顯然不太現實，其中必定有部分人需要藉助銀行貸款來圓自己的汽車夢。那麼，貸款需要走哪些程序，必須具備怎樣的條件，如何貸款才合適，這是每個想透過貸款方式來買車的人所面臨的現實問題。

想要貸款買車，先來算這一筆帳。通常情況下，一輛普通汽車的燃油、維修、停車、養車費等各種費用，每月差不多在五六千元左右，加上銀行每月的貸款，有車一族每月至少要支出一萬多到兩萬多元。因此，假如家庭月均收入不高，暫不適宜貸款買車。

在經濟條件允許的情況下，選擇貸款購車需要注意以下三點：

1. 選擇合適的貸款方式

汽車貸款有兩種形式：一種是購車者直接向銀行申請貸款，然後拿錢去買車;另一種是購車者先和經銷商談好價錢，然後由經銷商幫助購車者向銀行申請貸款，經銷商可以從中抽取利潤。所以，如果想要省錢，最好採用第一種方式來貸款買車。

銀行貸款的好處是，購車者可選擇的空間較大，銀行車貸利率一般低於汽車金融公司的貸款利率，而且還可以享受到汽車經銷商的降價優惠。不過，個人向銀行申請汽車消費貸款時，一般需要提供不動產作為抵押。

有些經銷商為了促進銷售，會主動向購車者承諾「幫助辦理銀行貸款」，在這種情況下，購車者就不好意思再和經銷商講價或者提出別的什麼要求，而有的經銷商正是看準這一點，用「不幫助貸款」來回絕購車者的一些優惠請求。更有甚者，利用有些購車者對貸款手續或利率的不清楚而從中漁利。

2. 弄清楚貸款買車的各種限制條件

按照銀行規定，貸款買車者必須符合以下要求：能夠支付一定數額的首期購車款、保險費等；具有分期償還貸款本息的能力；具有完全民事行為能力。符合以上條件的人，就能夠透過貸款的方式來買車。

如果借款者本身就是政府公務員、醫生、律師、教師、會計師等，或者從事金融領域的工作，在申請車貸時，銀行一般會優先考慮或者有優惠政策。

專家出招

問：請問，貸款購車期間如果同類車型價格調整，會影響還款數額嗎？

答：

在付款期間，如果你所購車型的價格有所調整，無論調高或調低，對原定價格都不會造成影響。所以，你仍需按當初購車時合約簽訂的價格標準來付完餘款。

如何在高油價時代成為省油達人

在高油價的刺激之下，如何開車更省油成為許多私家車主不遺餘力研究的事情。的確，從個人經濟上來說，節省一公升油，就相當於多賺了一筆錢；而從節能減排的大環境來說，節省一公升油，就相當於為全人類的環保事業盡了自己的一點微薄之力。下面這十招，只要能做到這些，你也將成為名副其實的省油高手。

1. 選擇合適的車型

微型小汽車比大排氣量汽車要省油，有車一族誰都明白。如無必要，建議購買小排氣量的車。家用車不一定越貴、越豪華就越好，選車時要考慮自己的收入水準、家庭成員狀況以及個性喜好等多方面的因素，量力而行。同時，不要選帶太多電動設備的車，因為這些電動設備會增加車身重量，從而增加油耗。

2. 經常清理後車廂

多餘的東西會增加汽車的負重，從而也就增加油耗，所以，要想省油，就要改掉懶惰的壞習慣，經常清理後車廂，把那些沒用的東西「一掃而光」，通常，十公斤東西隨車行駛一千公里，就要多消耗掉 400cc 的油。此外，經常洗車和為車打蠟也可以省油。原因很簡單，洗車和為車打蠟可以減少空氣阻力，從而可以提高燃油經濟性。

3. 低速盡量不開冷氣

尤其是在塞車或停車等待的時候，盡量少開冷氣，在需要開冷氣時也要調到適當溫度，不要過高或過低，在車內溫度達到足夠時可以暫時關掉冷氣。有的年輕人會覺得這種行為太吝嗇，可是要想省錢，必須從一點一滴做起，除非你認為錢對你來說真的無所謂。

4. 不要勉強爬坡

很多年輕人都喜歡逞強，本來上不去的坡也要「勇往直前」，殊不知這樣做很浪費油。爬坡的時候不要等到汽車慣性消失時才減檔，這樣容易造成換檔困難，等於在坡道上重新起步。低速檔不用大油門，因為變速器傳動比是固定不變的，依靠大油門提高引擎轉速使車稍許加速，這等於大功率低速度，同樣浪費油。正確的方法是：油門只要掌握在動力足夠克服上坡阻力即可。條件允許時，可以高檔高速衝坡。

5. 時常變道使路程更遠

不要隨意變道，變道會比直線多耗油 25%。為什麼呢？因為要不停加速、煞車，而且路線彎彎曲曲，路程當然比直線要遠，顯而易見會更費油。

6. 提早出門幾分鐘

如果在路上拚命開快車，不停加速或煞車，這樣的後果就是耗油特別多。所以，在出行前多預留一點時間，輕輕鬆鬆駕車，才能輕輕鬆鬆省油。

7. 出門前計畫好行駛路線

出行前，最好對行駛路線進行一下計畫，盡量避開塞風尖峰，多留意交通廣播，注意每次所經路線的路況。在路上行駛時，留心交通標誌的更改和修路改道情況。只有做到心中有數，選擇一條最不易塞車的路段，才能既減少路程，又減少油耗，而且還能節省時間。

8. 晚上加油多

有很多人買回車後，根本不仔細閱讀汽車保養及維修手冊，因此不知道何時進行各項保養與檢測。加油如果在晚上加，油加得就會多一些，因為越晚氣溫越低。此外，引擎油的黏度越低，引擎就會越「省力」，自然也就越省油。

9. 避免引擎空轉

在塞車或排隊、等人時，盡量避免車輛處於引擎空轉的狀態。節油試驗證明，引擎空轉三分鐘的油耗就可以讓汽車行駛一公里。因此，如果滯留時間超過兩分鐘，就應當熄火。

10. 中速行駛最節油

車速過慢或過快都會增加汽車的燃油消耗，一般情況下，中速行駛比較利於節油。對於一般的車而言，60 ～ 80

公里的時速最為省油，時速繼續提高，油耗水準也會隨之不斷提高。要記住：不必要的高速行駛是名副其實的「油耗殺手」。

節省燃油是一件利己利人利社會的好事，從明天開始，一起加入「省油大軍」吧！

中古車殺價技巧大公開

消費觀念的改變，使得中古車市場也日漸火熱起來。不少人認為，在經濟條件有限的情況下，買輛中古車代步也可以接受。只是，現在的中古車交易還不完善，如何才能以最低的價錢買到心儀的中古車呢？建議大家在看好車況的情況下，掌握一些必要的購買常識和殺價技巧。

一般來說，在正常車況下，一輛兩年車齡的中古車，大約會折價幾十萬元，具體折扣會因車價、車型的不同而發生變化。中古車的標價並非都是成交價，商家在報價的時候都略為偏高，事實上已經預留出一定的空間讓消費者殺價。如果你看中了某一款車型，可以對比其他中古車賣場，適當突出此車的缺點，放大別的車型優點，以便「合理」把價錢壓到你的心理價位，但切記不要和同一個市場的不同車行進行對比。如果在殺價過程中遇到中古車經銷商兜售額外物品，類似防鏽劑、座椅套、車體車面保護或其他一些汽車產品時，婉言拒絕即可。不需要的東西，就沒必要為之付費。

下面，為大家介紹一些行之有效的殺價技巧，但願能助你一臂之力。

1. 掌握各種車型的殺價空間

對於熱銷的中古車來說，因其價格資訊相對透明，價格比較性也很強，所以殺價空間十分有限，大約只有 5% 的餘地。一般來說，舊車經紀公司的標價水分比較少，

相對中低檔車型來說，高檔車可以殺價的餘地略高一點，大約在 10% 左右。

一些比較冷門的車輛，由於購買群體狹窄，所以舊車經紀公司比較急於出手，一般成交價格較低，只要合適還是能有不少殺價的餘地，大約在 20% 左右。雖然這類車殺價空間較大，但建議在購買時要想清楚，因為這類車的維護保養費用並不便宜，最好先對供應狀況做一番了解。

2. 看車輛手續是否齊全

正規的中古車交易，需有齊全的相關證明，還要確認這輛車是否有罰款等，若證明文件不齊，則不建議購買。

3. 看車輛的關鍵部件是否良好

購買中古車之所以要關注車況，是因為車的毛病越多，價格也就越低。但很多購買者誤認為只要挑毛病就能壓價格，其實不然。在中古車購買過程中，只有一些關鍵部件對車輛價格影響很大。

在中古車的殺價過程中，價格、手續、車況三因素缺一不可，不能單看其中某一方面。一般合理的步驟是這樣的，先和舊車經紀公司確定初步價格，然後透過檢驗車況和核對手續來殺價，確定最終價格，簽訂合約。最後提醒一句，在購買後要對車子進行徹底的保養維修，確保駕駛安全。

專家出招

問：前不久，我從朋友那裡購買了一輛中古車，這輛車以前是屬於營業性質的車輛，現在我要為其購買保險，該如何辦理？

答：

你所購買的這輛中古車，與原屬保單中的內容已經發生了明顯變化。對於客戶來說，當保單中的內容發生變化，如新車核發號牌、車輛過戶（變更被保險人）、改變使用性質、調整保險金額或終止保險責任、保單有錯誤等等，必須及時向保險公司提出變更申請。因此，你應填寫批改申請書，簽字或蓋章後連同保單一併送到保險公司，保險公司審核同意後，簽發批單；如果發生變更保險期限、增加或減少保險責任等變更，保險公司視情況還需補收或退還保費。

第 8 章
孩子長大，
教育費用也跟著起飛

如何智慧處理孩子的壓歲錢？

每逢過年，最興奮的就是孩子了。因為不但又長大了一歲，而且還有一筆數目不菲的「收入」—— 壓歲錢。人們的收入在不斷增加，出手越來越闊綽，孩子們的壓歲錢自然也是水漲船高。過一次年，收入幾千塊壓歲錢在很多孩子看來都是小事，可是家長們卻開始煩惱，這麼一筆「鉅款」放在一個十幾歲孩子的手裡，未免太不安全。強收到自己手裡呢，也不現實。現在的小孩多精明啊，哪肯輕易就範？思來想去，還是辦幾件「大事」最有用。

1. 父女合資買東西

假如孩子收了幾千元壓歲錢，有些父母就會說服他們拿出一部分錢來，為自己添置一些比較實用而價錢又不便宜的學習用品。當然，前提是父母也得出點錢，不然孩子覺得太吃虧。其實，這是個很不錯的方法，而且極具實用性。

表哥的女兒甜甜今年剛上國中二年級，前一段時間總是吵著要買手機，說班上別的同學都有了，自己再不買的話，會被排擠在社交圈之外。其實表哥知道女兒的心思，怕被排擠只是一個方面，關鍵是其他同學都有，而自己沒有，女兒在面子上覺得有些過不去。小孩也開始有虛榮心了。在進行一番思想教育之後，表哥承諾她，等過年有了壓歲錢之後，他們「合資」去買一臺電腦回來。甜甜聽後，爽快答應了。過完年，甜甜主動上交了一萬元壓歲錢，讓爸爸帶她去買電腦。在表哥的遊說下，甜甜答應把剩下的幾千元也存到了銀行，用作新學期的日常開支。如此一來，「壓歲錢」這個大問題很輕鬆的解決了。

2. 為孩子建立「教育資金」

讓孩子的壓歲錢成為其未來教育資金的一部分，也是個不錯的選擇。進行教育投資，要選擇合適的理財產品。學齡前兒童及小學生，一方面心理承受能力較弱，另一方面距高中階段還有十餘年時間，因此他們的壓歲錢累積時間較長，父母可為其選擇長期理財產品，如風險較小的儲蓄型、穩健型的理財產品；國、高中階段的孩子，即將接受大學教育，用於理財的時間較短，而他們的心理承受能力已經較強，因此可幫他們選擇相對激進些的中短期理財產品，比如股票型基金或銀行的類基金產品。

專家出招

問：孩子壓歲錢的處置問題，一直讓我很煩惱。隨著孩子自我意識的覺醒，對他的壓歲錢越來越難控制了。請問，有沒有一些好的建議，幫我解決一下這個難題。

答：

對於孩子壓歲錢的管理，要有張有弛，既不能強行干涉，又不能放任自流。最理想的方法就是正確引導，讓孩子也參與到管理的過程中。比如：以孩子的名義在銀行開個戶頭，讓孩子將壓歲錢逐年存入，到需要時再取，存到一定金額，還可以給予一定的獎勵。這樣，既能讓孩子形成一個積少成多的概念，又可以監督其日後的消費。

零用錢也要簽合約，理財從小開始

給孩子零用錢是正常的，也是必要的。但以何種方式發放零用錢，才能既滿足孩子小小的願望，又不讓他形成大手大腳花錢的壞習慣呢？很多父母在這個問題上頗為頭痛，似乎難以找到一種「雙贏」的辦法，讓父母和孩子皆大歡喜。其實，問題遠沒有想像的那麼複雜，比如和孩子簽訂一份「零用錢合約」，就可以遏制他隨意亂花錢的毛病。

具體操作起來，也很簡單。

首先，擬定合約。

可以選一個週末的時間，由父母和孩子共同商議，擬定出合約的基本條款，如有遺漏，在經對方的同意後，可以進行補充。營造一種比較正式的氛圍，有利於充分調動起孩子的責任感，讓他知道合約一旦簽訂，就必須得認真履行，否則會涉及到一系列的「違約」、「賠償」問題。所謂賠償，其實也就是一種減少零用錢的懲罰而已。

其次，設置一些獎罰措施。

比如：孩子將合約執行的非常好，可以獲得一定獎勵，以提高他繼續執行的積極性。畢竟，制定合約的主要目的不是為了制裁孩子，而是引導他正確使用零錢的一種方法。

前些日子，我一個同事就與他上小學的女兒簽訂了這樣一份「零用錢合約」：

「甲方按月支付乙方零用錢 500 元，其中 150 元用於買文具，150 元用於交通費，100 元自由支配，其餘 100 元存入金融卡……乙方若因無節制花錢造成透支，甲方有權在下一月將其零用錢減半，情節嚴重的，將免付下月零用錢。乙方若堅持每月存款 100 元，一年後甲方將給乙方與存款相同數目的獎金作為獎勵……」

看上去，「零用錢合約」只是一個約定，其實它表現了一種父母與子女之間相互平等的教育觀。從某種意義上來說，父母與子女是教育與被教育的關係，能夠在一張合約上平等簽字，恰恰表明了父母對孩子人格的尊重，孩子與父母享有同樣的權利和義務。

「零用錢合約」還有一個好處，就是把家長放到了一個接受教育和監督的平臺。有的家庭會發生這樣的情況：父母與孩子簽訂了「合約」，可是孩子的爺爺奶奶不樂意了，他們覺得這種做法太「冷血」，會讓孩子受委屈，於是經常暗地塞錢給孫子、孫女，要不就「威逼利誘」兒子媳婦違約替孫子「調薪」。結果呢，雖然合約簽了，但實際上形同虛設，根本發揮不了任何監督和管制的作用。所以，堅持合約的「嚴肅性」也是對家長的一種監督和考驗。為了讓孩子形成一種正確的消費觀，家長要狠下心來，嚴格執行合約，只有這樣才能收到良好的教育效果。

透過這種類似契約的形式，「零用錢合約」把父母需要達到制止孩子亂花錢的教育目標內化為孩子的自覺行動，既增強了孩子的自我約束意識和自我管理能力，更能使孩子逐步樹立起應有的責任感，為他們長大以後獨立理財、「重合約守信義」打下良好的基礎。

專家出招

問：我的孩子今年讀國小三年級了，由於家庭條件還可以，所以以前經常給些零用錢，但最近發現他花錢越來越厲害了，幾乎每天都要錢做這做那的。當家長的既不想拒絕孩子的要求，又怕孩子養成亂花錢的壞習慣，簡直讓我左右為難。請問，給孩子多少零用錢才合適呢？

答：

給孩子零錢是正常的，但不能無節制的給，也不必刻意減少或者乾脆不給。在孩子提出要求的時候，家長首先應區分孩子的要求是否合理。凡是那些合理的要求，例如買書、買練習本，家長就應適當滿足孩子，並讓他自己去購買這些東西。這樣一方面可以激發孩子的學習興趣，另一方面還可以培養孩子的獨立性。對那些不合理的要求，則要嚴詞拒絕，並向孩子講明道理。告訴他爸爸媽媽賺錢也很辛苦，每一分錢都來之不易，要愛惜爸爸媽媽用勞動換來的錢。一般來說，上學以後的孩子都能接受這些道理，從而約束自己的行為。

一個孩子讀完大學需要多少錢？

在一個偶然的機會，我聽到了這麼一句話：「現在，養個孩子等於多買一套房！」在寸土寸金的現代社會，不但房子成為壓在人們心頭的一座大山，就連孩子也成為家長背負的「甜蜜負擔」了。培養一個小孩，撇開父母所付出的時間、體力和精神成本不說，光是投入的經濟這一項，也夠嚇人的。

根據測算，目前養育一個孩子到他大學畢業，至少需要花費幾百萬元。如果再加上出國留學，至少得千萬元了。

如此龐大的一筆費用，究竟是怎樣一點一滴流失的呢？且往下看。

生個寶寶的費用：十萬元最基本，花個幾十萬不稀奇。這一內容之前在婚育篇裡有講述。

1. 嬰兒階段（0 ～ 3 歲）

生活類費用：包含奶粉、嬰兒用品等費用。

保母費用：如果需要請保母，這筆費用也不是個小數目。

智力開發：現在的家長都比較重視孩子的早期智力開發，因此，還要算上為孩子買的各種玩具、教育用品、智力開發用品等。

2. 幼兒階段（3 ～ 6 歲）

教育費用：現在的父母對幼稚園要求很高，一般來說公立幼稚園是地區不同，費用在 4,000 ～ 14,000 元之間；私立幼稚園也依城鄉差距不同，價格在 15,000 ～ 40,000 元之間。

休閒娛樂活動費用：在節慶假日，父母往往會帶孩子去展覽館、博物館或者出門旅遊。因孩子還小，各種費用可以少算一點。

3. 國小階段（6～12 歲）

教育費用：國小學費。

日常生活費用：這一時期，孩子的餐飲費和其他各類花費。

4. 國中階段（12～15 歲）

教育費用：國中學費。

日常生活費用：主要包括飲食、衣服、出門遊玩和其他生活費用。

5. 高中階段（15～18 歲）

教育費用：高中學費。

輔助學習費用：高中的課業競爭更為激烈，因此還有三年的補習費。此外還要花上萬元幫孩子配置一些必要的 3C 產品。

日常生活費用：飲食、交通和其他生活費用。

6. 大學階段（18～22 歲）

教育費用：大學學費。

日常生活費用：除了上述提到的日常生活花費，如果孩子住在學校，還需住宿費、寒暑假回家的交通費、平時的旅遊費用等等。

至於考研究所究所或留學，完全視個人情況而定。如果選擇出國深造，那麼這部分預算還得增加上百萬左右。

這樣綜合算下來，把一個孩子從嗷嗷待哺培養到大學畢業，相當於又買了一套房，真的一點都沒有誇張。不過話說回來，父母對子女的養育之恩，又豈能是多少錢就能算清的？那些心血、那些期盼，從來不求回報，也是我們為人子女所擁有的無價之寶。

專家出招

問:小孩長得快，很多衣服買了還沒怎麼穿就小了，很可惜也很浪費。請問，在為小孩添置物品的時候，如何才能做到經濟實惠？

答：

在穿的方面，不必非選一流品牌，因為它的價格往往有很大一部分是用在廣告宣傳上的。可以選擇一些品質好的平民商品，比國際大品牌會便宜不少。或者可以等到打折時或相反季節購買，也可以省下不少錢。

在玩的方面，玩具和書一定要精挑細選，不要只重數量而忽略了品質。針對小孩不同發育時期的動作特點、智力發展分階段來挑選，每個階段買三五件足夠了，玩具太多反而會讓小孩養成對什麼都不珍惜的心理。

出國留學怎麼選擇國家和科系最划算？

如今，出國留學成為許多高中畢業生的首選。如何選擇適合自己的留學國家、學校和科系，成為很多家長和學生最感困惑的事情。不過我建議大家在選擇國家和學校之前，先了解一下去國外留學，對學生本人各方面的情況都有什麼要求。

◆ 具備優秀的學術潛力

很多國外大學選拔人才最看重的就是學術潛力，當然，申請人的成績單、各種學科競賽取得的獎項也很重要，甚至連參加過的培訓以及個人的課外成就，也很受招生負責人的重視。

◆ 有一定的個人特長

在海外院校看來，一個人是否優秀並不單純由成績來判定，成績普通的學生也可能具有很高的綜合素養：體育運動優秀、能說會道、能寫會畫等等，都是一種自身素養的表現。不可否認，這些綜合素養與乾巴巴的分數相比，更能表現一個人的潛力與才能。

◆ 具備一定的獨立能力和較強的心理承受能力

一個人遠走異國他鄉，面對完全陌生的生活環境，要獨立處理很多事情，比如怎樣與當地人相處，如何應付課業壓力等等。心理比較脆弱的人，有待繼續鍛鍊。

已經具備這些素養或者更為優秀的學生，就該考慮選擇去哪個國家、進入哪所大學來繼續學業了。一般來說，可以從以下幾個因素來考慮：

◆ 英語國家的優勢

從總體上來說，根據語言的不同，留學國家可粗略分為英語國家，如美國、英國、澳洲、加拿大、新加坡等；和非英語國家，如韓國、波蘭、烏克蘭、俄羅斯等。相對於非英語國家，英語國家更加受到學生的青睞。美國雲集了世界上最好的大學，擁有世界上最先進的教育；而擁有牛津和劍橋等名校的老牌教育大國 —— 英國，其優勢主要表現為教育方法靈活、學制短、學歷認可廣泛。

◆ 非英語國家的優勢

在非英語國家留學的優勢主要有三方面：一是能掌握一門小語種；二是一些國家簽證比較容易；三是費用較低，是普通家庭的理想選擇。例如韓國，其經濟發達，教育水準高，高中或高中以上學歷即可申請，而且韓國政府允許留學生打工，學有餘力的學生可在閒置時間為自己賺取學費和生活費。

◆ 教育水準和留學費用

出國留學，當然要考慮所去國家的教育體系和消費水準。對於這一點，各國差異比較大，比如法國和德國都實行公立大學免學費，也就是說每年只需要支付一定的生活費即可;英國、荷蘭等國的教育水準都比較高，但前者學費昂貴，後者學費便宜。因此，具體選擇去哪個國家留學，要根據自身的經濟條件和學習需求而定。

◆ 安全因素

對學生和家長來說，不管選擇去哪個國家，安全問題是最重要的，尤其希望遠遠避開槍支暴力和賭博毒品等嚴重威脅社會安全穩定的醜惡因素。一個穩定、風氣良好的學習環境是安心學習的前提，也等於給父母吃了一顆定心丸。

在選好目的國之後，還要選擇合適的專業。在專業選擇方面，需要注意以下兩點：

◆ 切勿隨波逐流

選擇專業時，要了解該專業都設有哪些基礎課和專業課，結合自己各學科中的優勢和不足，選擇適合自己的科系。應當充分發揮自己的優勢，揚長避短，切忌隨波逐流。

◆ 科系和興趣相結合

有句話說「興趣是最好的老師」，如果選擇的科系能和自身的興趣、愛好結合起來，就會在學習中迸發出無窮的學習動力，這也是一個人留學成功的重要條件之一。否則，就有可能造成時間、金錢和精力上不必要的損失。

專家出招

問：我打算讓孩子在高中畢業後出國留學，請問需要提前做好哪些準備呢？

答：

首先，提早準備語言學習。無論去哪個國家深造，都需要具備一定水準的語言能力，所以一定要注意加強語言學習。另外，了解留學目的國是否要求一定持有語言水準證書，如果是必需的，就要提早準備，以免因此耽誤留學計畫。

其次，要對留學目的國的教育概況和體制有一個充分的了解。尤其要注意分清申請時間和入學時間，切勿搞錯。

最後，準備申請所需的相關資料。定好留學計畫後，就該著手查詢學校的相關資訊，並了解學校對科系以及申請資料的要求。在準備好所需資料的同時，還要了解目的國在簽證時對資金的要求，提前備好資金。

海外留學的理財經濟帳必須精算

出國留學不管是生活費還是學費，動輒就是上百萬。如此大的一筆開銷對於一般家庭來說，著實不是個小數目。如何籌集這麼一大筆「鉅款」，就看如何規劃了。規劃得好，可以省下不少費用。

1. 及早籌備留學費用

在出國留學的費用中，學費可以說是重中之重。有一些家長為了在短時間內籌集學費，不得已把一些股票、房產低價拋掉，造成不小的損失。如果之前已經有了明確的留學計畫，家長最好選擇比較保守的投資方式，這樣既可以保證一定的收益率，又不會影響到家庭的其他投資消費計畫。

2. 充分利用打工機會

作為子女，不能將籌集留學費用的重擔全部壓在父母身上，自己也可以分擔一部分。在允許學生打工的留學國家，在學有餘力的情況下，可以積極參與打工。一方面，打工可以緩解父母的經濟壓力，另一方面也可以累積一定的社會經驗，有利於自身的鍛鍊、成長。

那些就讀職業類課程的學生擁有一技之長，找工作時也可以考慮相關的就業範圍。比如：讀餐飲管理的學生，可以去當飯店服務人員；讀護理系的，也可以去找類似的護理工作等等，這類工作的薪酬通常都比較高。

3. 仔細規劃日常開支

日常開銷哪裡都不能少，但是如果每筆錢都能仔細規劃，絕不浪費，也能省下不少錢。剛去國外念書的學生，為了安全起見或是應學校的要求，會在寄宿家庭住一段時間，以適應當地生活。但這樣的生活方式開銷比較大。建議在適應期過後，找同學合租，這樣既可以省下不少房租，又可以自己做飯，花銷自然會減少很多。

在美國，新書的價格通常很高，學生買書的時候，可以選擇二手書，按照新舊程度的不同，通常只是原價的 40% ～ 60%。其次，一定要買學生保險，否則住一次院，可能要支付巨額的醫療費，而買了保險之後，這一切都將由保險公司來承擔。所以，每個月只要付出幾十美元的保險費，就可以解除後顧之憂。由於保險可以按月來買，所以放假回國的幾個月裡，這筆費用也可以省去。

4. 努力爭取獎學金

獎學金是吸引優秀學生就讀的最有效方式之一。

專家出招

問：女兒剛上國一，我和丈夫準備在她高中畢業後送她到加拿大讀大學。向朋友的孩子打聽了一些當地的情況，朋友的孩子說他每年讀書的花銷大約 100 萬。因此，我也打算以此為標準來為女兒未來的學費做一下預算，請問具體該如何操作呢？

答：

就你的情況來看，建議採用「單筆投資」和「定期定額投資」的教育金儲備方式。也就是說，從現有資產中劃撥出一部分作為留學教育金的基礎，透過預算，計算出這筆基礎基金與未來海外學習費用之間的資金缺口，同時每個月建立特定的強制累積機制，定向追加資金到留學教育金中去，以達到彌補資金缺口的目的。這樣，隨著時間和複利的作用，妳的教育儲備金就可以像滾雪球一樣，越滾越大，到時候就可以滿足女兒留學海外的需求了。

教育投資的迷思，你是否也掉進過？

隨著教育體制的改革，越來越多的人認識到教育不再是不花錢的福利事業，而是對未來的一種投資。加之人民的收入水準也在不斷提高，家庭教育的投資也是越來越熱門。但是，很多家長並沒有真正理解教育投資的本質，單純認為只要花很多錢，所謂的「投資」報酬也就越大。殊不知，這種觀念已經不知不覺陷入了教育投資的迷思。

1. 缺什麼都不能缺家教

現在，為孩子請家教或者上補習班，是一種非常普遍的現象。至於那些沒有為孩子請家教的家長，或許還落了個不關心孩子功課的「罪名」。特別是升學考試前夕，家長們更是把家教安排得緊鑼密鼓，容不得孩子有一絲喘息的機會。就算不是升學考試，平時的那些興趣班也足夠孩子們去應付的。

我有一鄰居的孩子就是如此，每逢週末，上午要去上數學班，下午又得去上作文班，晚上還得上兩個小時的鋼琴課……

且不說如此之多的補習班給孩子帶來多少壓力，僅從請家教的花費上來看，一般中小學生聘請家庭教師，一個月的支出至少幾千元，一年下來，就是上萬。做家長的說了，只要孩子成績上去了，花多少錢我們都樂意。親愛的家長朋友們，是否留意過這樣的情況：有些孩子根本沒感覺家教對他來說有多大的幫助，有些孩子對於家長替他安排家教的做法，甚至有一種反向心理，只是表面上應付一下而已。長此以往，不但成績沒有進步，還會影響孩子讀書的積極性。

2. 不惜一切代價上名校

有些家長從孩子上幼稚園開始，就定下了規矩：非名校不上！曾經在一個報導中看過這樣一件事，一位富有的家長為兒子選幼稚園，放出豪言：「距離不是問題，金錢也不是問題，要上就上最好的，一分錢一分貨。」實地考察的一所幼稚園並沒有達到這位家長的預期收費標準，於是家長撂下這句話，開車揚長而去。難道收費越高、硬體設施越豪華、幼稚園級別越高，就意味著越好嗎？顯然不是，這都是人的盲目攀比追高心理在作怪。一所幼稚園，就算有九成的人都說好，也未見得就適合自己的孩子。因為每個孩子都是不同的個體，搞不好你的孩子偏偏對你選擇的高收費幼稚園不適應呢。

至於名校，那更是深得眾多家長的推崇，就算擇校費高達十幾萬，他們也在所不惜。其實對於那些經濟條件一般的家庭來說，幾萬塊的擇校費不是一個小數目，而這一筆投資的收益究竟能有多少，卻很難估算。

3. 學歷越高越好

由於就業形勢不容樂觀，很多大學生畢業後選擇了考研究所。一次能夠考上的，倒也對得起那份辛苦，可是有些人偏偏淪為典型的「考研究所專業戶」，第一年考不上第二年繼續考，再考不上還要考⋯⋯沒有工作，連最基本的生活費都要靠家裡接濟，這會給家人增加多少不必要的負擔啊！退一萬步說，就算有一天終於考上了，一年幾萬元的學費又將會進一步加重家裡的經濟負擔，何況假如自己根本不適合從事研究性的工作呢？這種盲目的投資，其收益可能遠遠不能補償所費成本，高投資未必會有高報酬。

4. 出國深造才算成才

除了考研究所很熱門，出國留學的熱潮也是一浪高過一浪，而且越來越趨向於低齡化。很多孩子還沒有高中畢業，就被望子成龍的父母送到了國外讀書。出國留學的費用，一般來說每年幾十萬到幾百萬元不等，很多家長省吃儉用，把積蓄多年的錢毫不吝惜花在孩子留學上，認為只有把孩子送出國門，才能讓孩子各方面的能力都快速提高，將來就業可以更有競爭力。

但是，這些家長把孩子早早送到國外去留學，是否能獲得相應的回報呢？尤其對於那些成績並不出色，本身也沒有什麼特長的孩子來說，初到一個完全陌生的世界，又存在語言上的障礙，如何生活都成了問題，又怎麼有精力去應付學業？因此建議各位家長，如果打算送孩子出國留學，應當預先考慮到兩種風險。其一，在留學市場上存在著嚴重的資訊不對稱，留學機構的品質難分良莠；其二，對於人生觀尚未成熟的低齡學生來說，是否有足夠的能力去面對一個陌生的環境，從容安排好自己的課業和生活，還是個未知數。

第 9 章
投資如愛情：
慧眼識良機，找到最合適的

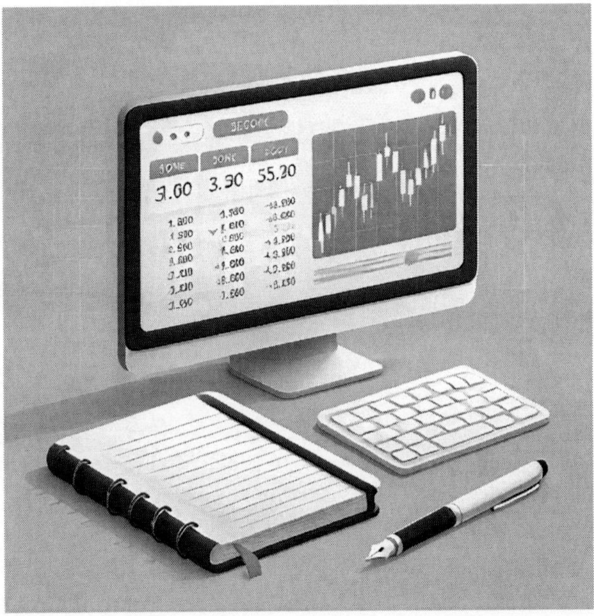

投資者的層次

現代心理學把人的性格大體上分為四種類型：活潑型、力量型、完美型以及和平型。有句話說「性格決定命運」，的確如此，不同的性格塑造完全不同的人生。投資也是一樣，不同性格的投資者，其投資歷程也全然不同。

對於投資者我個人給出這樣的建議：一定要根據自身的投資偏好和風險承受度，來選擇自身需求的理財產品。但投資偏好的形成，並非一日之功，而是一個長期習慣的培養和性格磨練的過程，個人性格在其中發揮著非常重要的作用。

風險偏好型投資者，讓其選擇低風險的理財產品，明顯不能激起其強烈的理財欲望，因為疏於鑽研，反而難以成功。反之，那些風險厭惡型投資者，由於心理承受能力比較差，片面誇大對風險的估計，反而更容易受情緒影響而導致失敗。投資理財過程中的種種不和諧音符，主要就是由這些不同的性格所造成的。

按照所能承受風險的大小，可以把投資者分為三個大層次，其中每個層次又包含三個層級。

1. 投資者的初級層次

◆ 第 1 級：儲蓄

儲蓄是所有理財手段的基礎，也是一個人自立的基礎。它來源於有計畫的消費和節儉，是一個人自立能力、理財能力的最初表現。

◆ 第 2 級：購買保險

購買保險既是一種理財方式，同時也是一個人家庭責任感的表現，還是一個人社會性的表現。

◆ 第 3 級：購買各類保本型理財產品

如公債、貨幣市場基金、理財產品等。

初級層次的特點，就是將個人財富交給銀行、保險公司、證券公司等金融機構，所購買的金融產品為大眾化的無風險（低風險）、低收益（固定收益）、高流動性產品。購買這些產品不需要專業化的知識，風險很小。當然，收益也比較低。

2. 投資者的中級層次

◆ 第 4 級：投資股票、期貨

大致可以將股票投資歸為高收益投資品種，同時也是高風險投資品種；期貨則永遠是收益與風險並存，不斷考驗投資者的經驗和運氣。

◆ 第 5 級：投資房地產

這裡所說的房地產投資是指以投資為目的購買房地產，而非供自己居住使用。之所以將其列為較股票、期貨投資高一個級別，原因在於其投資金額起點較高，流動性較低，具有相對較高的參與難度。

◆ 第 6 級：投資藝術品、收藏品

這一投資種類的參與人群相對較少。因為它需要更加專業的知識和更為長期的累積，也需要更為雄厚的財力。較之其他投資種類，其流動性更低，參與難度更高。

中級層次的投資品種的顯著特點就是高風險、高收益。投資這些品種需要較為專業的知識，同時也需要一些運氣，當然更需要有雄厚的經濟實力做後盾。勇於冒險的人，在利用某些財務槓桿的情況下，在這個層次努力一把，往往能使自己成為富翁。

3. 投資者的高級層次

◆ 第 7 級：投資企業產權

在這裡，特指為擁有企業控制權或參與企業管理而進行的企業產權投資，而非為了獲取差價而進行的企業權益票據 —— 股票投資。這種投資之所以超越了一般的理財概念而位列第七級別，其意義的通俗解釋就是羅伯特 · 清崎在《富爸

爸窮爸爸》一書中反覆強調的：要有自己的事業，不要一生為別人工作，以免在失去工作時變得一無所有。

◆第 8 級：購買與打造品牌

當然，購買品牌也必須獲得企業控制權或控股權，但它與第七級別的投資企業產權還是有一些不同，區別就在於這一級別的企業經營行為的目標指向企業所擁有的品牌，而不僅僅是短期利潤，因此更有可能獲得高於社會平均水準的超額收益。

◆第 9 級：投資人才

那些真正的投資者，往往就是特別善於發現人才並運用人才的人。縱觀古今，那些能夠成就大事業的人，不僅能發現比自己更聰明的人，而且能夠信任並使用他們。因此，理財高手的最高境界不是投資在物體上，而是投資在人身上。

在投資者的最高層次，投資品種不再是簡單的物體，而是物體與人的組合；所需要的知識不僅僅局限於某一學科的專門知識，而是涵蓋某個領域的專門知識和管理學、社會學的複合知識體系。在這一投資層次，理財成敗的關鍵在於對社會性因素的準確掌握，如行業趨勢、市場變化、人的心理因素等。正因為充分調動了各種社會資源，這個層次的投資所能獲取的收益往往也最大。但話說回來，「水能載舟，亦能覆舟」，投資人才能帶來高收益，同時也潛藏著無數高風險。

專家出招

問：不同類型的投資者，在投資理財時有哪些需要共同注意的問題？

答：

無論你是屬於哪種類型的投資者，在選擇理財方式時都要避免產品類型單一化。如果把資金全部集中到某一類理財產品，既無法有效防範投資風險，也難以獲得理想的收益。因此，在進行投資理財時不妨進行多樣化的投資組合，不要把資金全部投放到股票或其他風險較高的理財產品上，如能搭配一些穩健的理財產品，則風險會相對降低，收益也較有保障。

投資需要長遠眼光，別一時衝動

股神巴菲特曾經說過這樣一句話：「擁有一檔股票，期待它下個星期就上漲，是十分愚蠢的。」在投資理財中，時間是一個非常關鍵的概念。具備一種長遠的策略眼光，對投資來說十分重要。就拿炒股票來說，很多人為的就是明天賣出去，沒有長遠打算，所以也無法享受到長期升值的好處。

在一本書上看到過這樣一個寓言：

古時候有個人學做雨具，三年後手藝學成，結果遭遇大旱，所造的雨具一件也沒有賣出去。他在失望之餘，趕緊又去學做桔槔（古代一種汲水工具），又是三年過去了，終於學成歸來，卻又遭遇大雨，結果一個桔槔也沒賣出去，他只好又改回做雨具。不久，因為盜賊四起，居民開始流行穿軍服，很少帶雨具。於是，他又想去學做兵器，可是人已經老了，心有餘而力不足。忙碌了一輩子，最終還是一事無成。

在股市中，很多投資者和這個一事無成的人差不多，時刻熱衷於追逐熱點，頻繁換股，到頭來不但沒賺到錢，手續費還花了不少。短線套利炒股一般人是把握不了的，畢竟股市千變萬化，當你頻繁換股操作時，如果落後投資熱點一拍，就會輸個落花流水。即使運氣好，靠著短期的投機賺了一小筆，但從長期的收益來看，仍然比不上長期投資。

對一個普通散戶來說，聽道理是一回事，實際操作起來又是另外一回事了。我的一個朋友就是如此，大道理他全明白，並且也深信投資的確需要有長遠眼光，不能光看眼前的利益。當他打算投資股票時，可謂下足了功夫，後來終於精挑細選了幾檔股票，滿以為能小賺點錢，哪曾想股價步步下跌，不但沒賺錢，還虧了不少。他的自信心極度受挫，表示以後再也不考慮這樣的投資方式了。

其實在遇到這種情況時，真正經受考驗的往往不是一個人的智商，而是信心。如果對自己的判斷沒有足夠的自信，對價值規律沒有足夠的信任，即使抓住了會下金蛋的母雞，最後的結局也只能是雞飛蛋打。

在瞬息萬變的市場上，建立良好的心態，靠的不是心理培訓，而是長期的訓練和實踐。拋棄那些關於投機暴富的虛妄幻想，真正遵循價值投資的客觀規律，用一種長遠的策略眼光來對現在的投資行為做一個理性的預期評估。

金融投資專家認為，投資者要將長期投資與投資熱點分開。投資者在購買股票時，應該分清楚該股是價值投資還是熱點投資。如果是價值投資，就要長期持有，不要頻繁換股；如果是熱點投資，就一定要密切關注大盤和個股走勢。對於散戶來說，如果缺乏專業知識和判斷市場行情的能力，最好堅持長期持有，頻繁換熱點股非常容易被套入深淵。

另外，有些投資者對「長遠眼光」有一種誤解，認為買了股票放在那裡不用管，就是長期持有，就是具備了投資的長遠眼光。事實並非如此，只有在進行長期投資以前，對買入的股票進行綜合分析，判斷買入股票的時機是否合適，買入前後對持有時間有所考慮，以及在持有過程中不斷觀察、研究發行這檔股票上市公司的情況和股票價格的變化，才是一個成熟的投資者所要具備的基本素養。只有在此前提之下，才可談及長遠的策略眼光。

專家出招

問：請問，如何來判斷一檔股票是否有莊家在內？

答：

通常來說，成交量應該是最直接判斷的關鍵。如果有大量的資金在短時間內進出股市，不可能一點跡象都沒有，最明顯的盤口跡象就是成交量的多少。你可以透過細心觀察某檔股票的成交量，根據成交量的大小來判斷股票的趨勢，從而做到有備無患。

債券投資的風險你了解多少？

債券是一個具有獨特功能的投資手段。相對於儲蓄來說，它具有較高的收益率；相對於股票來說，它又無需承擔太大的風險。因此很多投資者在初涉投資領域時，都會選擇以債券這種投資方式來撈取自己的第一桶金。

錢雖然不是很多，但對新手投資者來說是一個很大的鼓勵，但也不能忽視了債券投資的風險。在投資領域裡，收益永遠伴隨著風險，因此在沉浸在收益喜悅中的同時，不要忘了給自己敲響「風險與收益並存」的警鐘。

也許你會說，您可別開玩笑了，投資債券還有風險？對此，我要一本正經告訴你：一般來說，投資債券可能會遇到這樣一些風險：

1. 利率風險

利率是影響債券價格的重要因素之一。當利率提高時，債券價格就會降低，此時就存在風險。債券的剩餘期限越長，利率風險也就越大。

2. 流動性風險

流動性差的債券使得投資者在短期內無法以合理的價格將其賣掉，從而遭受損失或喪失新的投資機會。

3. 信用風險

指發行債券的公司不能按時支付債券利息或償還本金，從而給投資者帶來損失。

4. 再投資風險

相對投資長期債券而言，購買短期債券存在再投資風險。比如：長期債券利率為 14%，短期債券利率為 13%，有些投資者為減少利率風險而購買短期債券。但在短期債券到期收回現金時，如果利率降低到 10%，就不容易找到高於 10% 的投資機會，還不如當初投資長期債券，仍可以獲得 14% 的收益。

5. 通貨膨脹風險

指由於通貨膨脹而使貨幣購買力下降的風險。通貨膨脹期間，投資者實際利率應該是票面利率扣除通貨膨脹率。假設債券利率為 10%，通貨膨脹率為 8%，則實際收益率只有 2%。這種風險是債券投資中最常出現的一種風險。

既然投資債券也有這麼多的風險，那麼如何挑選債券理財產品，才能最大限度降低風險，獲取收益呢？一般說來，在投資債券時把握好以下三個原則就行了。

- 匹配性原則：投資者必須根據資金的金額、投資期限、資金的穩定程度等特點選擇不同的債券投資方式。
- 分散投資原則：說白了，就是不要把所有的雞蛋放在同一個籃子裡。
- 組合投資原則：投資收益與風險程度是成正比的，投資者必須在確定自己的預期收益後，將風險分散到不同的投資組合中，以獲得較高的綜合收益。

在這裡提醒諸位投資者，在選擇產品時，不能光看產品收益率的高低，而要將產品的收益率、期限、結構和風險度作一個綜合判斷。這一點我在前面也有所提及，這個世界上沒有最好的投資產品，只有適合自己的投資產品。投資者應該對自己的風險承受能力有一個清醒的把握，根據自身的經濟條件制定合理的投資計畫，在確定自己的預期收益水準下選擇適合自己的理財產品。

專家出招

問：請問，風險承受能力較低的投資者適合選擇什麼樣的債券來進行投資？

答：

對於風險承受能力較低的投資者來說，建議依次選擇憑證式公債、交易所掛牌交易的債券等等。如果你對資金的流動性要求比較高，建議依次選擇憑證式公債、交易所掛牌交易的債券、企業債券及各種融資債券產品。從收益穩定程度來考慮的話，憑證式公債、交易所掛牌交易的債券等是比較不錯的選擇。

基金與其他理財產品的搭配策略

基金對於許多投資者來說並不陌生，在資本市場發展比較成熟的美國，有將近 80% 的投資者選擇投資基金，只有不到 20% 的投資者投資股市。基金之所以受到如此青睞，主要是由於其相對於股票來說，收益大而風險小，而這正是絕大部分投資者所看重的。再加上基金在購買時按公司計算，每公司價格較低，投資者可以根據自己的資金情況隨意購買，從而避免了由於財力不足而無法投資的遺憾。

有意在基金投資方面繼續發展的投資者，可以嘗試一下基金與其他理財產品相搭配的投資方式。只要搭配巧妙，收益一定很可觀。或許有人要問了，理財產品那麼多，哪些與基金才是黃金搭檔呢？在搭配時需要注意哪些方面呢？接下來，我就為大家推薦幾種黃金組合搭配，相信你一定很感興趣。

1. 黃金組合之「貨幣基金加銀行信用卡」

消費者在利用信用卡購物時，可以獲得 20 ～ 60 天的免息期。由於信用卡每年只需刷卡消費幾次就可以免收年費，所以消費者可以在免息期內無償使用這些透支信額，透支部分就可以用來進行投資。另外，由於貨幣基金沒有申購、贖回費用，贖回也十分方便，一般只要提前兩到三天預約就可以贖回。萬一出現信用卡還款壓力增大，投資者也可以及時收回投資歸還銀行。這種組合的收益也不錯，舉個簡單的例子，如果客戶信用卡每月可以透支 5 萬元，利用免息期，將這 5 萬元投資理財產品，循環下去，如果產品的年收益率為

2% 的話，投資者每年可以「借銀行的錢」獲得收益一千元。

但有一點必須注意，利用信用卡來投資基金一定要量力而行，記得在免息期內及時還款。因為各銀行信用卡透支款的利率普遍都很高。如果忘記及時還款，理財得來的那點收益就得全都白白送給銀行，到頭來得不償失。

2. 黃金組合之「貨幣基金加股票投資」

這是一種非常經典的保本資產和風險資產組合。近幾年，低風險的貨幣基金或短債基金已經成為投資者投資保本資產的首選。在保守型資產分配中，理財市場著名的「二八原則」非常適用於這一組合。把兩成資產投資在股票，八成資產投資在貨幣基金或短債，萬一股票出現投資損失，也可以用低風險基金的穩定收益來彌補。

3. 黃金組合之「股票型基金加記帳式公債」

這是一種風險承受能力略高的常見股票基金投資組合，投資者的重點應該放在挑選基金公司和具體基金上。選擇股票型基金和記帳式公債相搭配，主要是考慮到記帳式公債具有靈活的流動性，交易途徑較多，交易成本也相對比較低。萬一資金緊缺，投資者可以先從記帳式公債中套取資金，最後再選擇從股票型基金贖回。

4. 黃金組合之「債券型基金加股票投資」

這是一種綜合考慮收益的中等風險投資組合，投資者可以在選擇債券型基金的同時投資部分股票。這兩種資產組合具有天然的「收益－風險」平衡優勢，建議債券型基金主要投資在長期公債、企業債、金融債和可轉債四個方面，四種資產受不同行情的影響，組合起來具有良好的穩定性。此外，債券基金的管理費率和申購贖回費率也較低，流動性良好。

關於這兩種資產的投資比例，主要取決於投資者的風險承受能力。如果投資者只求較為穩定的收益，不願承擔太大的風險，可以按照「二八原則」，即股票投資占兩成、債券型基金占八成的比例來進行投資。如果投資者的風險偏好水準較高，短期或中長期看好股市，也可以在股市上多投一些資金。

專家出招

問：請問，在股市震盪的情況下，如何進行基金投資？

答：

在股市震盪時期，長期持有一支基金是不錯的投資策略。首先，長期持有可以避免頻繁操作的交易成本，更可減免贖回費用，無形中報酬就會多一些；其次，基金的表現受多方面因素影響，有其週期性。長期持有可穩定獲得平均收益。而且，簡單的操作方式也可以減少投資者在投資上所花費的時間和精力。

外匯理財：真正實現錢生錢的方式

現在，很多人手裡或多或少都有點外匯，但因為數量不多，也就沒引起足夠重視。大多數人的做法就是把這些外匯簡單存到銀行去吃利息，其實如果操作得當，這些外匯有著相當大的獲利空間。

有人問了，如何才算操作得當呢？舉個簡單的例子，假如你手中有 1,000 美元的存款，而你根據各種因素判斷，最近一段時間歐元有升值的潛力，而銀行外匯牌價美元兌歐元為 0.97，於是你將 1,000 美元按外匯牌價換得歐元 1,030.93。一個月後，如你所料，美元兌歐元變成了 1.03，此時你再將手中的 1,030.93 歐元（先不計算利息）換回美元，這時你手中的美元就變成了 1,061.86，比原來多了 61.86 美元。如此循環往復，一年的收益率會比存在銀行高出不少。而這種投資方式，就是傳說中的外匯理財。怎麼樣，很簡單吧？

其實，簡單只是表面上的簡單而已，裡頭的學問可多著呢！對外匯理財感興趣的朋友，在投資之前首先必須做好充足的準備工作。比如：可以先利用免費的模擬帳戶來進行一番演練，盡快找出適合自己的最佳投資方法和技巧，熟悉匯市的交易過程，準確判斷影響匯市變化的各項因素，總結失敗的經驗教訓等等，如此方可開立交易帳戶進行實戰操作。

其次，利用閒置資金進行外匯理財。外匯理財最大的忌諱，就是動用生活資金或借貸資金。因為這樣會使自己在交易過程中背負太多的資金壓力，在決策時無法保持冷靜客觀的狀態，人為增加交易的風險和失敗的機率。一旦失敗，輕則影響家庭的日常消費水準，重者還有可能背負沉重的債務。

第三，量力而行，避免交易過量。在投資過程中，一定要量力而行，最好把每次的交易風險控制在帳戶資金的 10% 以內，避免產生較大失誤，盡量把風險降到最低。一般來說，資金帳戶的金額越少，交易風險也就越大，因此要避免讓交易帳戶出現僅夠 50 點波動水準的情況。

第四，調整心態，適當停買停賣。一個成功的投資者，並不是每天都入市，他們更多的是擇機而動，選擇最恰當的時機切入。一旦在入市後感到疑惑或者不能肯定時，則會選擇先行離市。尤其在逆境的情形下，適當的離場觀望態度既能夠避免損失，又可以使緊繃的神經系統得到適當的休息和調整。

都說收益和風險形影不離，說了這麼多，外匯投資究竟存在哪些風險呢？

從投資者的角度來說，保證金形式的外匯買賣，主要存在資金安全風險、匯率風險以及補倉風險：

◆ 資金安全風險

是指投入的保證金能否得到安全保障。一般而言，信譽良好的銀行都能夠保證投資者的資金安全。

◆ 匯率風險

是指由於匯率變化而可能導致的交易虧損。在眾多的投機買賣工具中，外匯買賣的風險最大。國際間的政治、經濟發展不平衡，政治、經濟政策各異，政治、經濟事件突發等等，都使得本就變化頻繁的匯率更加難以預測。

◆ 補倉風險

是指由於浮動匯率虧損達到一定程度需要立即補倉，但由於補倉不及時，交易資金數量被強制斬倉，從而造成虧損的事實。當銀行向客戶要求補倉時，或者因為連續不上客戶，或者因為客戶由於某些原因無法立即把資金送過去，銀行就會強行把資金斬掉，並從保證金中支付虧損部分。

強行斬倉，有時是好事，有時也不盡然。當匯率逆轉時，如果斬倉不及時，有可能會導致更大的損失。但在匯率上升時，今天晚上斬，明天匯率又回到原位，這時斬倉就不能完全說是好事了。在強行斬倉時以什麼匯率為依據，因人而異。

說完風險，再來看看外匯投資有哪些優勢。外匯投資有兩種類型，一種是個人外匯買賣，即賣出一種外匯的同時買入另一種外匯，透過兩種外匯兌換時形成的差價獲取一定收益；另一種就是各家銀行推出的外匯理財產品，是銀行根據國際市場報價，為客戶設計的含有期權性質的外匯理財產品。

首先，來看一下個人外匯買賣的優勢有哪些：

◆ 投資金額門檻較低

個人外匯交易的起點通常不高。

◆ 交易時間全天候

個人外匯買賣具有二十四小時不間斷交易的特點，具有交易迅速、手續簡便的優勢，在數秒之內即可完成一筆交易，而且每日交易次數不限。

◆ 交易方式多樣化

包括臨櫃交易、自助交易、線上交易、手機交易、電話交易等各種方式。可以根據個人情況選擇即時交易或者委託交易兩種形式。

◆ 交易品種齊全

可以選擇美元、歐元、英鎊、日圓、澳幣等多種貨幣組合，而且任何貨幣都可以進行買多、賣空，是真正的雙向交易。

再來了解一下外匯理財產品的優勢所在：

◆ 能有效降低風險，具有較高的安全性

一般投資者對基本面、技術面等進行專業分析的能力有些欠缺，所以很難正確預測匯率的走勢，在投資時風險較大。而外匯理財產品是由銀行專業人士來理財，收益比同期個人外匯買賣和外匯存款收益都要高。

◆ 可以保值

外匯理財產品的收益率，可以根據國際市場利率的上升而上升，期限較短，收益率較高。投資者在穩定獲利的同時，還能保持一定的資金流動。

黃金：一個保值的可靠選擇

黃金在金融投資領域的地位無可比擬，它具有天然的財富儲藏和資產保值功能，其價值遠遠高於一旦通貨膨脹便有貶值危險的紙幣。目前，由於股市的不穩定以及房價的居高

不下，越來越多的投資者開始加入到炒金的隊伍中。在有些投資者看來，炒黃金要比炒股簡單的多，因為黃金只有四五種，而且很多都在炒。

那麼，對於普通的投資者來說，如何才能買到符合自己投資風格又能保價增值的理想黃金呢？

首先，得對黃金投資的主要品種有一個大概的了解：

◆ 實物黃金

對一般投資者而言，最好的黃金投資品種就是直接購買投資性金條。金條加工費低廉，各種附加支出也不高，標準化金條在全世界範圍內都可以方便買賣，並且世界大多數國家和地區都對黃金交易不徵交易稅，這也是實物黃金為什麼能夠成為目前最為廣泛和流行的黃金投資品種之一的原因。而且，黃金是全球二十四小時連續報價，在世界各地都可以及時得到黃金的報價。

◆「紙黃金」

「紙黃金」是一種個人憑證式黃金，投資者按銀行報價在帳面上買賣「虛擬」黃金，個人透過掌握國際金價走勢低吸高拋，賺取黃金價格的波動差價。此處要明白一點，「紙黃金」是黃金的虛擬買賣，沒有保值功能，因此不能抵禦通脹風險。

◆黃金衍生產品

對一般投資者來說，投資首先要遵循適度原則，遠期或期權投資應注意與自身的賺錢能力或需求、風險承受能力基本一致。由於黃金期權買賣投資戰術繁多而複雜，不易掌握，應注意因價格變動所帶來的巨大風險，不要輕易運用。

◆紀念金幣

紀念金幣具有一定的投資價值，但投資紀念金幣要考慮到其不利的一面，即紀念金幣在二級市場的溢價一般都很高，遠遠超過了黃金材質本身的價值。另外，錢幣市場行情的總體運行特徵是牛短熊長，一旦在行情較為火熱的時候購入，投資者的損失會比較大。

◆黃金首飾

從投資的角度看，投資黃金飾品的風險比較高。建議黃金投資一般不要選擇黃金首飾，其主要原因是，黃金首飾的價格在買入和賣出時相距較大，而且許多黃金首飾的價格與內在價值存在較大差異。

其次，既然黃金具有天然的投資優勢，那麼作為投資者，應該掌握哪些必要的投資技巧呢？

◆ 了解影響黃金價格的各種因素，合理規劃家庭投資組合

影響黃金價格的因素主要有：美元的強弱、世界政治局勢的變化、全球通貨膨脹壓力、黃金供求轉變、國際原有價格跌漲等。在投資黃金產品之前，一定要綜合考慮影響黃金價格變動的這些因素，依據所搜集來的資訊，綜合考慮後再制定自己的投資計畫，並據此決定自己的買入時間、買入價格、止損價值和期望報酬率，進而提前設定賣出價格。在設定了止損價格和賣出價格後，要按計畫執行，避免因不忍割肉而造成更大損失，或者因為渴望更大的收益反而導致變盤。

由於黃金價格通常與其他多數理財產品的價格背道而馳，當多數理財投資產品處於下降通道時，黃金產品的價格往往正處於上升通道，反之亦然。所以在做家庭理財規劃時，可以適當加入黃金投資，如此可以有效抵禦其他理財產品縮水而帶來的整體資產減值。

◆ 以美元動態為風向標，買漲不買跌

有句話說，「美元漲，黃金降；美元降，黃金揚。」美元可以說是黃金漲跌的預警器、風向標。因而在投資黃金時，要時時關注美元的漲跌，並留意國際市場上黃金一舉一動的變化，從而決定黃金是買進還是拋售。

與股票的「投資法則」相同，黃金買賣也遵循買漲不買跌的原則。行情好的時候，黃金會隨之大漲;行情不好的時候，

黃金也多順勢而為。因此，只要不是在暴漲之後，極有可能是頂點的時候買入，在其他任何點的買入都是正確的選擇。而在下跌的時候，還是持觀望態度比較好。

◆ 分批買入，切勿大量囤積

投資紙黃金時，可以從交易時間、報價方式、交易點差、交易管道四個方面，來對不同品種的紙黃金進行比較，選擇最適合自己的那一款進行投資。在確定投資品種之後，再根據市場的即時狀況分批買入。此處要注意的是，最低點可遇而不可求，不要片面追求最低點而錯過比較好的介入期。

從投資策略上來講，應當採用「金字塔」的方式來追加投資資金，即在第一次大量買進之後，若金價上揚，追加的投資額應該呈現遞減的原則，也就是每一次後續的資金都要少於上一次，整體呈金字塔狀。

對於有些偏好黃金飾品的投資者來說，千萬不要金價上漲而盲目大量囤積。黃金飾品的主要功能是裝飾，其自身的款式和工藝已經花費了足夠多的成本，價格已經高出黃金價格許多，因此其保值功能也已經相對減弱。

◆ 設定止損價格，不可盲目追求預期盈利

但凡投資就會伴隨著風險，差別只是風險的大小不同。黃金投資雖然較為穩健，但也不是毫無風險的一種投資方

式。有的投資者在投資黃金之初，會事先在心裡設定一個預期的盈利目標，不達目標誓不甘休。事情往往難遂人願，有時候本來離目標已經很近了，仍然因為沒有達到自己的心理價位而不肯出手，結果白白錯過獲利的大好時機，而在以後的漫長等待中後悔不已。所以，建議投資者一定要事先設定一個止損價格，並且嚴格執行。

專家出招

問:投資實物黃金與紙黃金，哪一個的收益更高些？

答：

炒金的目標分為實物黃金和「紙黃金」。相比較而言，實物黃金較之「紙黃金」具有更好的保值和變現能力，但其增值空間比「紙黃金」要小。反之，「紙黃金」投資收益往往大於實物黃金，從而具有非常穩健的投資增值功能。一般來說，實物黃金比較適合中老年投資者參與，也適合於個人收藏或饋贈親友之需，而「紙黃金」則是個人炒金者首選的炒金工具。

聰明人也會犯的投資錯誤

沒有人是天生的理財高手，理財能力的提高需要不斷學習，不斷在實踐中累積經驗。有些人因為抓住了生財機遇而獲得豐厚報酬，也有一些人因為不小心步入理財的迷思，不但沒有使自己的資產得到預期的增值，而且還因為金錢的損失引發家庭矛盾，甚至導致夫妻感情破裂，可謂「賠了夫人又折兵」。

那麼，如何才能走出投資理財的迷思，找到正確的投資方向呢？最重要的就是從自己身上找找原因，看自己在投資方面存在哪些錯誤的觀念和行為。

1. 理財就是賺錢

很多人對投資理財有一種錯誤的認知，認為「理財就是生財，賺錢是第一位的」。其實，這種理解容易讓人滋生急功近利的心理。很多投資者就是抱著這種錯誤的投資理念傾其所有，義無反顧地投資於股票市場，結果由於知識的缺乏以及錯誤的投資策略，陷入其中無法自拔，不但個人的投資信心遭受巨大挫折，而且連生活品質都大打折扣，更有甚者，為之傾家蕩產。

美國理財師資格鑑定委員會對個人理財的定義是：「個人理財是指如何制定合理財務資源規劃，實現個人人生目標的程序。」也有理財規劃專家則認為：「個人理財的目標是要為自己及家人建立一個安心富足健康的生活體系，實現人生各階段的目標和理想，最終達到財務自由的境界。」其實對於普通投資者來說，能夠充分認識理財的核心目標就可以了。

理財的核心目標就是：合理分配資產和收入，最終達到財務自由的境界，既要考慮財富的累積，又要考慮財富的保障；既要為獲利而投資，又要對風險進行管理和控制；既包括投資理財，又包括生活理財。理財不是簡單賺錢，一個合理的理財規劃涉及到人生目標的各個層面，讓資產增值只是其中的一部分而已。

2. 節儉即為生財之道

許多人的傳統理財觀念就是勤儉持家、節儉生財。在一次調查中，支持這一觀點的比例占到了48.8%，而持反對意見的比例只占38.5%。這種對立充分說明了傳統與現代的理財觀念所發生的激烈碰撞。

不論是教育、醫療還是房地產，這些與人們生活息息相關、密不可分的領域長期以來收取的費用居高不下，並且呈逐年成長的趨勢，在這種情況下把所有的錢都拿來投資，沒人願意冒這樣的險。於是，省吃儉用來增加存款成為我們理所當然的理財之道。不可否認，節儉是一種變相的理財，但如果因為節儉而傷害了家庭的生活品質，節儉就只能成為一種財務束縛，投資者也會因此而錯過良好的投資機會。

3. 理財就要遍地開花

與節儉生財的投資理念恰恰相反，有一種投資者對投資有著濃厚的興趣，哪種投資方式都想嘗試一下，而且還振振有詞：「投資的種類多才能多獲益，股票賠了，你從房產上賺回來不就行了？」特別是對於一些手中並無足夠的資金來撒大網的投資者來說，最終的結局可能就是竹籃打水一場空。比如說，假如你只有 30 萬元可以用於投資，你花 10 萬買了股票，5 萬買了開放式基金，5 萬用來集錢幣，7.5 萬換成美金做外匯投資，還用最後的 2.5 萬元買了份分紅險。這種投資行為是典型的「遍地開花」模式，期待所謂的「東方不亮西方亮」，認為總有一種投資可以獲得豐厚收益。殊不知，雖然這種「不能把雞蛋放在一個籃子裡」的投資思路是正確的，但資金太過分散同樣不利於獲取最大收益。假如股市虧了、美元跌了、錢幣毫無動靜，只有開放式基金賺了點錢，可惜還買少了，你拿什麼為自己的未來買單？

4. 短線投機賺錢快

我有一個朋友，看到他同事在股市裡一進一出賺了不少錢，心裡就開始癢癢了，決定拿出幾萬塊錢和同事一起炒股。但情況並不像他想像的那樣樂觀，由於急於獲得豐厚報酬，他只注重短線投機，聽人傳說某支股有異動就趕緊投進去，不見動靜又快速撤出⋯⋯就這樣在股市裡「撲騰」了一年多，勁頭不小，可惜就是沒賺到多少錢。生活中像我朋友這樣的投資者並不少，他們樂於短線頻繁操作，以此獲取投資差價。只要看到近期流行什麼，就一窩蜂把資金投進去，到最後能獲益多少，只有他們自己心裡最清楚。

假如投資者有一份穩定的工作，不妨做一個長期規劃，選擇那些比較穩健的投資產品，來讓資產增值。只有根據年齡、收入和預期收益、風險承受能力合理分流存款，使之以不同的形式組成個人或家庭資產，才是最科學的理財方式。

專家出招

問:我想嘗試一下炒股，請問對於非專業人士來說，如何從眾多的投資資訊中挑選出值得購買的股票？

答：

巴菲特有一句關於投資股票的名言：買公司而不是買股票。簡單來說，選公司的步驟就是先選好行業，找那些前途遠大的、有成長性的行業，然後從這個行業中比較哪個公司資源最豐富、負擔最輕、管理最科學，最後選定。

任何一個投資者，在入市之前都要做公司分析，不能總是聽別人的推薦，而自己一點鑑別力都沒有。每一家公司都會定期公布它的經營狀況，從年中和年終的財務報表中就能看出這家公司是處於發展期還是衰退期，是贏利還是虧損，你可以據此判斷該公司是好還是不好。

第 10 章
「錢」在路上：旅遊也要理財

出境旅遊，如何精打細算

現代社會的交通越來越便利，只要有充足的時間和充足的錢，隨便你什麼時候都可以到境外去玩一趟。尤其是對於很多浪漫瀟灑的年輕人來說，無論是蜜月旅行還是和家人一起去度假，國外的旅遊勝地無疑是他們的首選。如果一切都準備就緒，還等什麼呢？即刻出發！

且慢，在動身之前，如果能夠將「經濟」也納入未來幾天的旅遊規劃中，相信你的行程一定會更加愉快。所謂「經濟」，經濟實惠是也，小算盤「劈里啪啦」一打，銀子就會省下不少的！

1. 選擇合適的交通工具

每一種交通工具都有其自身的優勢和不足，在經濟條件允許的情況下，飛機當然是首選，這樣可以省下寶貴的時間來充分領略異地風情。訂機票有個技巧，就是多多搜集資訊，每到一處先上網看一看，說不定就碰上了超便宜的打折機票，有很多朋友的超低價機票就是在當地的航空公司網站上發現的。此外，機票預訂的越早，折扣也就越大。

其次，盡量選擇在交通樞紐或旅遊勝地找機票，如果去的是比較遠或者冷門的地點，往往需要中途轉機，這樣就可以使用「順路」旅行法了。此外，時間差也是不錯的省錢招數。很多航班早晚的票價有很大差別，如果不是太趕時間，可以乘晚間航班前往。如果申請到航空公司的會員卡，也會享受諸如累積旅程、租車、訂房等多方面的優惠。

2. 充分利用當地資源

在丹麥哥本哈根、瑞士蘇黎世、德國波昂、芬蘭赫爾辛基等城市旅遊的話，遊客可以從市內的一些指定地點借用一輛腳踏車，在市內的各個角落穿梭遊覽。而在巴黎、維也納、羅馬、里昂等城市，這種租用的腳踏車只有前半個小時是免費的，半小時之後就得支付一些租車費用了。

3. 尋找便宜的青年旅社

到當地旅館雲集的地方，多看幾家比較一下價錢，注意一定要親自去看房間，檢查房間的設備是否齊全，衛浴設備是否符合衛生條件後，再進行殺價。在物價昂貴的國家，比如德國，住青年旅館是境外旅遊者的首選，而在西班牙、希臘、土耳其等物價較為便宜的國家，星級飯店就成為旅遊者的最佳選擇了。

4. 買東西可退稅

不管是住宿、參加旅行團還是購物，都要嘗試殺價。在西歐等富裕國家，商店標價通常殺價的空間不大，而在一些較不先進的國家，往往有很大的殺價空間。此外要注意各地退稅的稅率和手續，可以在出境時到海關辦理。由於辦理退稅要填退稅單，有的商家嫌麻煩，會給予很大的優惠。

5. 免費的博物館之行

全球有些頂級博物館對參觀者是免費的。比如：位於英格蘭、蘇格蘭和威爾斯境內的英國國家博物館和畫廊就是免費的（一些特展可能會收費），此外還有英國國家藝術畫廊、大英博物館、泰特現代藝術館，以及維多利亞和艾伯特博物館等，都可以免費參觀。

在華盛頓市內，十九個史密森尼美國藝術博物館、美國國家動物園、國家肖像畫廊、國家美術館、國家航空航太博物館、國家非洲藝術博物館和自然歷史博物館等都對遊人免費開放。此外，在芝加哥的林肯公園動物園，遊客還可以免費觀看海獅、猿猴、熊、企鵝等野生動物。

6. 自助旅行省錢

如果計劃自助或半自助旅行的話，可以選擇住民宅，往往會有意想不到的收穫，比如免費早餐，或是無限量甜點供應等等，不管住多長時間，一定要記得討價還價。不願意住民宅，可以試試當地的青年旅館，再不行的話，就住小旅館或汽車旅館，或乾脆睡在火車、汽車或巴士上。別小看這種方式，在外國大學生中可是很普遍的。

出發前，收集好各地的旅遊資訊，研究好切實可行而且實惠的通行方式。在國外自助旅行，負擔最大的就是交通工具方面，所以一定要買鐵路周遊券或地鐵巴士一日券等折價票，來減輕外出旅遊的經濟負擔。

旅遊購物，既要有面子也要省錢

外出旅遊時，大多數人都會購買一些具有地方特色的產品或紀念品，不管是自己留作紀念還是饋贈親朋好友，總之不能少了這個步驟。如果兩手空空而歸，自己的臉上都覺得掛不住，也許在別人面前還會留下個小氣的「光輝」形象。但是話說回來，但凡出門旅遊過的人都知道，在旅遊景點買東西是一件多麼「驚心動魄」的事情，稍不留神就被狠宰一刀。

那麼，有沒有一些好的辦法，既能保全了自己的面子，又能買到價錢合理的紀念物品呢？如果你也有此困惑，請接著往下看。

1. 注重地方特色

在購買旅遊紀念品時，首先要以地方特色作為取捨，不僅具有紀念意義，而且正宗、有價格優勢，值得購買。

2. 攜帶方便為首選

小型輕便的紀念品可以考慮多買一些，而有些特色商品，因為體積龐大，隨身攜帶很不方便，不宜購買。人在旅途，乘坐車船並不輕鬆，行李當然是越少越好，有些物品還可能易碎，路上一不小心撞壞了，實在不划算。

3. 真假貨品分辨清

在某些風景區，不乏兜售山寨劣等商品的小商販，如珍珠、項鍊、茶葉之類，價錢非常便宜，有些人自以為撿了便宜，狂買了一大堆。回到家後經過一番鑑別，大呼上當者也不在少數。

4. 相信自己的判斷

現在的導遊大部分能遵守職業道德。但是，仍有少數導遊不遵守職業道德，任意延長購物時間，以收取旅遊商店的回扣。因而在異地購物時，不要盲目輕信別人，要相信自己的判斷，管住自己的錢袋，做個成熟而理性的消費者。

5. 找個朋友來幫忙

到一個陌生的城市旅遊，如果能有個當地的朋友陪伴，那就賺了。不會殺價沒關係，他的任務就是和賣家東拉西扯轉移視線，所以最理想的人選是見面就自來熟的那種，讓賣家就算心裡不願意也無法拉下臉來咬定「物價」不放鬆。僅此一招，就能為遠道而來的你省下不少錢。

6. 景點盡量少購物

千萬別在熱鬧非凡的旅遊景點買東西，除非你實在錢多的沒地方花。在當地小販的眼裡，有兩種人不宰白不宰，一種是說著異國語言的外國人，另一種就是初來乍到不知深淺的外地遊客了。此外，還有一個不能輕舉妄動的地方，就是機場。那裡的東西多半都中看不中用，就算買來送禮人家都未必領情。最理想的方法就是查清楚當地人常去的購物場所，就算無法享受和當地人一樣的待遇，至少不會被誤認為是個不識行情的冤大頭。

7. 南轅北轍花錢多

曾有朋友不辭勞苦從大洋彼岸帶回一套真絲睡衣，興致勃勃送給老婆，卻遭老婆「當頭棒喝」，原來標籤上清清楚楚寫著「Made in China」。除非你要買的東西有什麼特殊的紀念意義，否則，有時間多關心一下輕工業分布，免得再犯「南買皮草北買茶」的常識錯誤。

8. 暫時拋開「售後服務」

在掏錢之前，最好睜大眼睛、集中精力，就算有朝一日你還會再來，只怕到那時候，眼前這位老闆早就消失得無影無蹤了。總之，衣服要試穿，唱片要試聽，影片要試看……不要怕麻煩，現在的麻煩越多，日後後悔的可能性就越小。

9. 理性購物最重要

有一個朋友沿絲綢之路去中國新疆旅遊，一路上被各種民族服飾迷得神魂顛倒，於是異想天開想做個專題收藏，大包小包的民族服裝買了不計其數。等到旅途結束，興致漸漸恢復正常之後，才發現這一路的收穫不但沒什麼用處，反倒成了搬家時的累贅。錢嘛，自然也沒少花，光是一頂在任何場合都無法佩戴的帽子，就花掉好幾百元。

專家出招

問：我打算在國慶的時候外出旅遊，朋友建議我買一份保險，請問有這個必要嗎？

答：

很多人都有你這樣的想法，認為出遊時間不長，買保險並沒有必要。但我個人認為，花一點小錢買份意外保險，是對自己和家人負責。如果你覺得到保險公司買保險很麻煩，可以選擇到其官方網站上投保。目前，很多保險公司已經開通了線上投保業務，非常方便。

長假旅遊必備的保險理財攻略

現在，人們出遊的形式和目的地越來越多，跟團遊、自駕遊、短線遊、出境遊……但無論何種方式、無論要去哪裡，安全保障都是第一位的。長假中的旅行生活，如果能有一份適合的保險產品相伴隨，既有保障又可理財，誰說不是一舉兩得呢？

下面，我們就來共同分享一下假期中保險理財的樂趣吧！

1. 跟團遊：旅行社責任險≠意外險

出遊時喜歡選擇跟團遊的朋友們注意了，不要以為旅行社投保了旅行社責任險，自己就可以不用再花錢買保險了。旅行社責任險並不等於旅遊意外險，前者是旅行社必須投保的，只保障在旅行途中因旅行社責任而引起的意外事故，如果該意外不是由於旅行社的責任造成，而是自己或任何協力廠商造成的，比如由於遊客自身疾病、個人過錯及在自由活動時間內發生的人身、財產損害，旅行社就不管了，除非遊客投保意外保險才能獲得理賠。

因此，在外出旅遊時，最好購買一份旅遊意外傷害險。這類產品以遊客為投保人和受益人，既可自行到保險公司購買，也可透過旅行社代為辦理，保險公司與旅行社的賠償責任不重合。在投保意外險的同時，務必要了解清楚每份保險的保險責任。有的產品只保障意外身故，有的還包含意外傷殘和意外醫療。最好購買包含意外傷殘和意外醫療的產品，這樣才能獲得更大的保障。

2. 自駕遊：人、車都要上保險

現在有私家車的家庭越來越多，自駕遊也必然受到越來越多人的青睞。不少車主誤以為平時幫愛車買了保險，自駕遊途中出事就應由保險公司「買單」。你要是這麼想，那就大錯特錯了。在自駕遊時購買保險，要格外注意車上人員和車載財物是否在承保範圍內。

生命對於每個人來說都只有一次，因此人身意外險是各類保險中的重中之重。自駕遊者可以根據自己出遊的天數以及風險狀況，自由選擇短期人身意外險；在財產方面，可以考慮投保一個月的全車盜搶險；如果車況不好，可以考慮投保一個月的車輛損失險。需要注意的是，產品的保險期應等於或大於出行期。

3. 出境遊：必不可少的緊急救助保險

如今，越來越多的人選擇在假期時走出國門，領略一下世界風光，出境遊已成為許多年輕人長假時的不二選擇。在這裡，給喜歡旅遊的朋友們提醒，如果是出境遊，最好選擇有境外緊急救援服務的保險產品。

這類服務通常是保險公司與國際救援中心聯合推出的，遊客無論在境內外任何地方遭遇險情，都可撥打電話獲得援助。這類保險產品最顯著的優勢就是將原先的旅遊人身意外保險的服務擴大，將傳統保險公司的一般事後理賠向前延伸，變為事故發生時提供及時有效的救助。

由於各家保險公司對於境外旅行意外傷害或醫療保險的額度有所不同，因此在投保前應詳細了解和比較各保險公司的有關條款，根據自身的經濟條件和實際需求，購買適合自己的境外旅行意外傷害或醫療保險。此外，保險並非越多越好。比如：旅遊醫療險是補償性險種，保多了形成超額保險並不划算。

4. 探險遊：意外險多不保高危活動

當下，很多年輕人喜歡自發組團去旅行，而旅行目的則又帶著探險色彩。對於這樣的旅遊者，建議首先購買旅遊人身意外傷害險。此類保險的保費較低，但保額相當大。

既然是探險遊，就不可避免帶有一定的危險性，而一般的人身意外險都在條款中把高危運動列為除外責任。所以在購買此類保險時，必須看清相關的條款，尤其是「除外責任」條款，貨比三家再做出選擇，盡量選擇保障額度高、保障內容相對齊全、保險責任限制少的險種。

5. 常出遊：多買幾張意外保險卡

對於那些經常出遊的人，因其在交通工具上停留的時間較長，建議購買交通工具意外險。很多保險公司都有意外險保險卡。由於一些保險公司規定每個保戶每年只能購買一張卡，且各家保險公司提供的保障有一定差別，所以，假如每年有多次出遊計畫又希望有較高的保障，可以選擇不同的保險公司來購買多張旅遊險卡，來為自己的旅行生活保駕護航。

專家出招

問：在購買旅遊保險時，有哪些需要注意的細節問題呢？

答：

一般來說，有三個細節需要注意。一是應當如實填寫投保單，避免因為填寫錯誤資訊而令保險公司在出狀況時拒賠，造成不必要的損失；二是要看清保險條款，交保費前要求保險代理人出示完整的保險合約並親自閱讀，對免責範圍、承保事項及理賠等條款做一個充分的了解；三是保險卡或保險票要隨身攜帶，在發生事故後應及時報案。

旅途中，理財不能放鬆

隨著人們消費水準的不斷提高，旅行金融服務「潤物細無聲」進入到我們到的生活中。除了使用信用卡可免除攜帶現金所帶來的各種不便之外，旅行金融服務還有更深層次的內涵。

1. 巧用信用卡，分期付款來旅遊

旅途當中利用銀行與旅行社、旅遊網站攜手推出的信用卡免息分期付款業務，是「理財達人」必須掌握的基礎要訣。操作起來也很簡單，只要在辦卡銀行指定的合作旅行社選中相應旅遊產品並用信用卡刷卡買單，再按信用卡帳期分期償還相應本金就可以了。

不過需要注意的是，銀行開出的分期付款旅遊項目是和個人的信用度掛鉤的，如果個人的信用度達不到出行所需要的支出總額度，使用者就需要提前和金融卡所在銀行協商，臨時調整自己的信用卡額度。使用分期付款旅遊專案還需要注意一點，如果是出境遊，一定要考慮到簽證問題。如果在支付了首期款後，因為護照問題或其他意外無法出行，旅行社是不會退錢的。

2. 出國旅遊，活用各種個人金融服務

對於出境遊的人來說，雙幣信用卡是必不可少的。現在，國外旅遊大部分消費都可以刷卡，身上只需要準備點零錢，可以應付一些小額消費就足夠了。

(1) 選擇合適的信用卡

目前，很多銀行都推出了雙幣信用卡。這種類型的信用卡和國際通行的信用卡基本相同，是境外刷卡的主要工具。於喜歡「歐洲遊」的朋友來說，辦理一張歐元卡不失為一種明智之舉。

(2) 出境遊最好帶上信用卡

有的信用卡有不錯的附屬功能，比如附送意外保險或航空險、提供海外緊急救援協助等。

(3) 消費後要記得辦理退稅

很多人在境外消費後往往忘記退稅，可別小看這些退稅，在一些消費稅額高達 15% ～ 20% 的歐洲國家，退稅就

相當於八折優惠了。所以，當消費金額達到退稅額度時，別忘了向店家索要一式三份的退稅單，詳細填寫相關資訊。

3. 以租養車，各取所需

如果只是在周邊城市遊玩，租車是一個不錯的選擇。幸運的話，還可以找到一個合適的拼車友，兩人的費用都能節省一半。此外，帳篷和睡袋之類的物品也可以租到，比自己花幾千元買要划算多了。而且，大多承攬租賃業務的車主都願意在租車的同時擔任司機。與租賃公司相比，租賃私家車不僅可以討價還價，而且在租車手續上也更為簡便。

在此還得提醒一下打算將愛車出租的朋友，在租車的時候一定要與租客達成書面協定，避免發生不必要的麻煩，比如租客在租車期間因發生交通意外導致車輛受損，為理賠費用發生糾紛等等。

4. 外出旅遊，買一份旅遊保險更踏實

難得擁有一個長假，很多喜歡旅遊的人會把「戰線」拉得很長，比如環島旅遊，更有一些朋友選擇出境旅遊，去海外體驗一把異域風光。雖然出行目的地遠近不同，方式也多種多樣，但每個出行在即的遊客都應當擁有一份好的保險計畫。這樣，不管是背包遠足還是開車自駕遊，一個人上路還是三五成行結伴出遊，都可以使自己安心，使家人放心。

怎麼花最少的錢走遍更多的地方？

花最少的錢去更多的地方，這是許多預算不高的遊客的終極目標，希望能夠在自由旅行的同時，最大限度省錢。當然，這不是為貧窮，也不是小氣，而是一種不同以往的行走方式。和錢多錢少沒關係，只是用一種最經濟的方式去遊盡天下之美景。

1. 划算到家的機票

省錢的第一要素是，預訂最便宜的機票。有經驗的背包客一般都是根據機票來選擇目的地，而不是根據目的地預訂機票。

(1)「一元機票」定旅程

想買便宜機票，最簡單實用的辦法就是經常留意各旅遊網站的資訊。國外有些廉價航空公司時常會有促銷資訊。比如：馬來西亞亞洲航空、新加坡捷星航空、菲律賓宿霧太平洋航空、歐洲易捷航空等有時會推出「一元機票」、「免費機票」等促銷活動，如果發現這樣的機會，不妨先下手為強。不過，便宜的機票通常需要提前一季、半年甚至更長的時間來預訂。

(2) 打折期下手要快

如果留意一下各大外國航空公司的網站，就會發現經常有機票促銷活動，包括阿聯酋航空、漢莎航空、英國航空、新加坡航空、法國航空、紐西蘭航空等。除了外國航空，國內的航空公司也常不定期推出大促銷活動，遇到這樣的活動機會，該出手時就要出手。不過，此類促銷一般只接受在航空公司的官方網站上預訂。

此外，大多數國際航班都可以在轉機時免費停留。比如：阿聯酋航空允許在杜拜中途停留一次，過境者在杜拜機場可現場辦理七十二小時過境簽。這樣，不用多花一分錢的旅遊費用，就可以順便遊覽一下杜拜了。

(3) 國內機票也有驚喜

如果需要買國內廉價機票，一般提前幾個月就可以了，時間太早，很多機票的促銷資訊都還沒出來。

2. 尋覓廉價住宿

出外旅行，青年旅舍往往是住宿首選。但對於有些人來說，CP 值才是最關鍵的。花少量的錢住星級飯店，或者住當地風情濃郁的家庭旅館，都是不錯的省錢方法。

(1) 青年旅社是首選

青年旅社作為出行之人的首選，不僅價格便宜，而且服務相對規範。一般來說，預訂時需要提供信用卡號碼、支付定金和手續費，到旅館後再支付餘款。

(2) 到航空公司網站找飯店

由於全球經濟的不穩定，使得很多飯店都與航空公司聯手辦促銷活動，價位很有誘惑力。比如：新加坡航空公司就曾推出「新加坡中轉一元住宿大優惠」的活動，在新加坡玩一天花一元新幣即可逗留一晚。

此外，很多廉價航空公司的網站上也經常舉行飯店促銷活動，「買一送一」的優惠時有發生。在亞航部分促銷時段，可以「機票＋飯店」隨心搭配。

(3) 交換住宿「零」花費

如果勇於冒險，不妨試試「交換住宿」。現在比較流行的是加入國際交換住宿組織，會員間可彼此互助，你招待別人住進你家，等你出國旅行時，也可住進別人家，一切費用只需繳交會費，其餘全部免費。這是省錢的新方式，在國外較為盛行。

3. 設計路線

想要設計一條優質又便宜的路線，往往需要花費大量的精力和時間來搜尋、研究大量的資訊，如果不想花費太多的時間做準備，可以請人來幫你設計。目前有很多資深背包客，他們有著豐富的旅遊經驗，懶於親自設計的人可以藉助他們實現自己的旅遊夢想。

4. 善用免費的遊覽機會

在巴黎，博物館的參觀費用都不便宜，但很多博物館在每個月的第一個週日都會免費開放，利用好這一點，巧妙安排行程，前往參觀可省下一筆不小的開支。

此外，在歐美等旅遊設施和服務相對完善的城市，有些機構會組織免費城市觀光活動。這種觀光活動一般是步行，行程大約三小時。跟隨這些免費的觀光團隊，不但可以參觀城市最為著名的風景，而且還有專業的導遊帶隊。如在阿姆斯特丹，每天都有兩組導遊帶領免費參觀城市景點的機會。這些導遊全部畢業於世界名牌大學，他們不但運用豐富的知識為你介紹行程中的亮點，而且還會與你分享他們居住在阿姆斯特丹這座美麗城市的種種樂趣。

專家出招

問：請問，在境外消費後如何辦理退稅？

答：

退稅可以縮減出境購物的成本，但是，並非所有的消費都可以退稅。消費者必須在當地指定的退稅商戶進行購物，這些購物點會掛有「Tax-Free shopping」、「Premier Tax Free」、「Tax Refund」等標誌。大部分國家的退稅起點額是指同一天在同一家商店消費滿額。滿足這些條件後，消費者就可以憑消費單據和護照向店員索要退稅單。在填寫姓名、護照號碼、購物金額、退稅金額等項目時不要出錯，否則很可能無法退稅。

第 11 章
養老不難，
早規劃才能安心過晚年

養老規劃，越早開始越好

有句老話說，「寧吃少時苦，不受老來貧」。如今，這句老話正像一道選擇題擺在「月光族」們的面前：是選擇「少時苦」，還是選擇「老來貧」？退休後如果想要維持年輕時的生活水準，除了基本的社會保障之外，自己還要籌備一大筆資金，以應對未來生活的各種問題。所以，養老規劃，宜從年輕時就著手準備。在不同的人生階段，必須有不同的理財規劃方式與之相適應，只有儘早規劃，才能有一個安詳的晚年。

三十歲的人群如何規劃：

很多男性都在三十歲左右成為父親。隨著家庭新成員的到來，家庭的責任感與負擔也越來越重。生養一個寶寶的巨額花費，使得這一年齡層的朋友不得不儘早規劃以後的生活。

我的一個朋友「老王」今年三十二歲，是某公司中層管理人員，月薪 5 萬元；他太太月收入 3 萬元。兩人所在公司均投保了養老保險、失業保險和基本醫療險，年終獎金另計。此外，兩人有一個兩歲的女兒。除了房產之外，他們夫妻二人還有 50 萬元的存款和近 15 萬元的公債。女兒出生後，家裡的基本生活開銷逐漸看漲，孩子的教育投入也會逐年增加。從孩子一歲起，家裡每年平均增加 1.5 萬元，用於為女兒購買保險。

針對老王的這種狀況，我建議他的資產投資組合比例調整為：保障類壽險10%、組合存款和債券30%、股票型基金及理財保險60%。此外，保險品種也要做出調整。夫妻兩人應當加買意外傷害險，補充養老保險也是十分必要的；還應當為孩子購買意外險和醫療險。

四十歲的人群如何規劃：

四十不惑，作為家庭頂梁柱的男人會突然發現，房貸又漲了，孩子需要請家教，父母看病的花銷逐年遞增……大部分四十歲年齡層的男性所需承擔的家庭責任逐步增加，而承受風險的能力正在相應走低。這個階段的投資應當相對保守，但仍應以讓本金快速成長為目標。

實際上，為養老做準備就像爬山一樣，年紀越輕，準備起來也就越省力。等到四十多歲才開始籌備養老金時，就會像攀岩一樣感到很吃力。因此養老規劃，要趁年輕開始。

專家出招

問：在長期壽險中，如何能夠盡量降低通貨膨脹的影響？

答：

可以購買投資型的保險產品，這種產品的收益率是和通貨膨脹率成正比的，能夠較好消除通貨膨脹的影響，但缺點是投資的安全性稍差，在通貨緊縮的時候收益率也比較低。

三種典型養老理財方案

養老金的規劃，受眾多因素影響，比如：年齡、家庭財務情況、收入支出、負債情況、風險偏好、已有福利準備、計劃退休年齡、預期收益率、預期通貨膨脹率和預期壽命（社會平均壽命、地域壽命等）……不同人群的養老金規劃，因人而異。

普通上班族、高級管理者和中小企業主是當今社會的三大類典型人群，在養老方面的需求和困惑各不相同。在這裡，我為大家簡單分析一下這三類人群的養老規劃。

1. 普通上班族養老理財規劃：更應選擇年金類產品

上班族其家庭收入的主要來源就是薪水，少有其他穩定來源。這類家庭負擔重，閒錢少，比較關注資金使用效率。由於未來養老不可避免，應該具備一定的緊迫感，對當下有更好的規劃。建議從現在開始，每個月從薪水中拿出幾千元，有計畫的進行儲備，既不影響目前的生活水準，又能夠藉助「時間」和「複利」進行財富累積。因為養老保險費與投保年齡成正比，越年輕保費越便宜，並且紅利的累積更划算，收益空間也較大。

由於大多數的上班族都有社會保險，比較容易理解和接受社保這類定期領錢且領取金額確定的方式，偏好在投保時即可知道退休時的基本領取利益的產品。年金類產品由於具有收益穩定、給付明確的特點，非常值得上班族族群著重考慮。

2. 高級管理者理財規劃：配備足夠的商業養老險

我有一個朋友黎先生是一家外企的部門負責人，家庭年收入 500 萬元，有一個八歲的兒子。夫妻雙方都有比較完善的社保和團體醫療、養老保障，沒有貸款。家庭投資比較多元化，股票、房產都有涉及，期待以這些投資工具早日完成對養老金的累積，實現財務自由。目前，黎先生比較青睞於風險較低的投資產品，由於認可保險的意義和功能，已經購買重疾險、高額意外險，但對於養老保險，還沒有付諸行動。

目前，高管族群的收入水準已經遠遠超過了社會平均薪水。據專家初步測算，超過平均薪水三倍者，未來所得替代率可能會低於之前薪水的 30%。這樣的替代率根本無法保持退休前的生活品質，高管族群可以選擇的投資理財方式非常多，在養老規劃上，應當配備足夠的商業養老保險。

一般而言，高收益產品的風險性較高而安全性稍差，因此在規劃養老資產時，應當隨著年齡的增加，主動減少高風險產品在整體資產中的比例。建議高管族群選擇能夠保證最低領取年限和保額分紅的養老保險產品，這類產品可以保證保單的有效保險金額不斷提高，客戶可以透過分享保險公司的經營成果，來實現養老金領取水準的不斷遞增。

3. 中小企業主養老理財規劃：安排與企業經營絕緣的養老金

我認識一家中型玩具廠的老闆甯先生，視企業效益情況，家庭年收入隨企業效益情況的變化而變化，基本可保持在 250 ～ 500 萬之間。孩子在上國中，妻子是全職太太。甯先生夫婦均沒有社保，自購商業保險（大病險）作為補充。

甯先生的家底可謂殷實，但生意的運轉和發展，對甯先生本人依賴度高。可以看出甯先生在財務方面的知識和意識欠佳，將家庭自有資金與企業資金混用。他所面臨的情況是，生意一旦出現問題，家庭資金也會隨之面臨風險。因此，甯先生的家庭需要有一份相對安全的、與企業經營絕緣的、專屬於家庭成員的資金安排。

對於甯先生這樣的家庭情況，投保商業養老保險是一個不錯的選擇，它可以作為養老金缺口的有效補充。因為中途退保會有損失，所以商業養老險還兼有強制儲蓄的作用，可以做到專款專用。此外，相對於基金、股票等投資理財產品，養老年金保險給付金額更為明確，強制理財的功能也更強。在透過簡單的測算推算出未來養老需求缺口後，就可以根據缺口選擇保險額度，用確定的錢來保證一個品質確實非凡的晚年。

專家出招

問：請問，在購買商業養老保險時需要考慮哪些因素，該如何確定自己需要購買多少商業養老保險？

答：

一般來說，購買商業養老保險有這樣幾個因素要考慮：首先，需要考慮預期壽命，全國有個平均壽命值，各地的具體狀況也不盡相同，可以作為參考；其次，需要考慮養老的費用，一定要能保證退休以後的生活品質，讓養老保險不但能夠提供日常生活消費，而且還能夠彌補醫療財務上的漏洞；再次，不能太多影響到當前的生活品質。

按照國際慣例，商業養老保險提供的養老金額度應占到全部養老保障需求的 25% ～ 40%。在有了社會基本養老保險的基礎上，考慮到生活水準逐步提高和物價等因素，投保人購買保額為 100 萬元左右的商業養老保險比較合適。

臨近退休，如何做好養老理財？

就目前的狀況而言，退休後每月收入能夠達到退休前月收入的 80% 左右，即養老金替代率為八成，就基本可以保證老年生活水準不會有太多下降。

但根據測算，如今光靠退休養老金也許只能解決溫飽問題。因此，如何才能保證一個富足的晚年生活，是臨退休的人必須考慮的一個問題。

對於普通人來說，最可靠的養老金累積來源就是薪水收入了。除了不間斷進行薪水累積之外，最好能再進行一些適當的投資，比如投資貨幣市場基金或者債券，都是不錯的選擇。拿貨幣市場基金來舉個例子，假如每年的收益率可以達到 2% 的話，每月定期定額投資 7,500 元，在三十年之後，這筆累積就可以超過 365 萬元。所以，就算是靠領薪水度日也不要為以後的養老金而煩惱，只要從現在開始，每個月留足必需的生活費之外，將剩餘資金進行投資，等到退休時照樣可以拿到一筆數目可觀的資金。

但是，並不是所有人都能為自己存下一筆足夠的養老金，他們或者是為了房子、為了子女的教育費用而奔波一生，或者還要侍奉年邁的雙親……總之，到了退休的年紀，自己的日子反而過得更加困難。梁阿姨夫婦就是如此。

梁阿姨今年五十二歲，月收入 3 萬元，丈夫是一家企業的普通員工，比她大三歲，月收入 4 萬元。唯一的兒子已經成家立業，過上了自己的小日子。梁阿姨夫婦都買了養老保險、醫療保險和大病統籌。目前的全部資產就是 50 萬元存款外加一套 21 坪左右的房子。

梁阿姨夫婦已經接近退休的年齡，在現有的條件下，要想保證退休以後的生活水準不下降，幾乎是不可能的事情。為此，梁阿姨夫婦開始思考如何才能在退休時存得更多的可用資金。

雖然兩人都有退休養老金，但這筆錢對於上班時收入的替代率是比較低的，同時，兩人都沒有購買商業保險，僅僅依靠社會醫療保險，顯然保障程度遠遠不夠。由此，梁阿姨夫婦在防範風險的前提下，應當增加家庭投資比重，以提高收益率。

具體可這樣操作：將存款中的 10 萬元作為保本基金，以備不時之需；再留出 5 萬元的生活費，用剩下的 15 萬元來進行投資。同時，在退休前家庭每年的淨收入約為 20 萬元，也可以用來進行投資。

除了要增強養老規劃的意識之外，還要清楚養老規劃有哪些需要注意的問題：

◆ 從自身需求出發，合理採納專業建議

養老規劃首先要結合自身需求，做到心中有數；其次，由於養老規劃週期較長、可選擇的品種較多，最好能夠多徵求專業建議。隨著理財市場的日益發展，越來越多的專業機構在提供理財建議和理財服務時，已經由原先的以產品為中心向以客戶需求為中心過渡。合理採納專業建議，可以使養老規劃更科學。

◆ 兼顧長期收益和流動性需求

養老規劃是一項長期的理財規劃，因此在理財工具的選擇上要重視長期收益。隨著年齡的增加，風險承受能力的減弱，可以逐步增加對債券或債券型基金等品種的投資比例；同時需要兼顧資金的流動性，保證手頭至少預留 3 ～ 6 個月支出的應急資金，隨著年齡的增長，增加預留應急資金也非常有必要。

◆ 不可或缺的商業保險

在保險保障方面，商業保險是其他養老理財品種所無法替代的，同時也可作為社會養老保險的重要補充。由於商業養老保險的操作相對規範安全，個人可以根據自己的情況靈活選擇。此外，建議增加重大疾病險、醫療險和意外險等保

險品種組合，以提高應對大病或意外事故的風險承受能力，為晚年生活加強保障。

專家出招

問：我的父母都是普通的上班族，已接近退休年齡，想買一份養老保險。請問，該如何選擇適合他們自己的養老保險產品？

答：

就目前市場上的養老保險產品來看，主要有傳統型、兩全型、投連型和萬能型等幾種。其中：

- 傳統型養老保險的預定利率固定，且以年金產品居多；
- 兩全型保險具有保障和儲蓄功能，同時還有分紅功能，可以很好地抵禦通貨膨脹；
- 投連型保險，不設保底收益，但保險公司要收取帳戶管理費等相關費用，盈虧由投保人自己負責；
- 萬能型保險一般有保底收益，保險公司要收取保單管理費、初始費用等費用，適合長期投資，一般要在五年以上才能看到投資收益。

由此可以看出，傳統型和兩全型保險報酬額度明確，且投入較少，比較適合上班族的養老需求；而投連型和萬能型保險由於投入較高、風險較大，比較適合風險承受能力較強的高收入人群。

中年時期，養老理財自己說了算

說起「養老」，大多數人的習慣思維是「養老金」或「退休金」。但是，單單依靠微薄的退休金能否維持退休之前的生活品質，還是個值得考慮的問題。

就目前來看，多層次養老保險體系主要包括三方面：政府主導的基本養老保險、企業主導的補充養老保險以及個人購買的商業養老保險。雖然這種多層次的養老結構為個人養老體系指明了發展方向，但其中也存在著一定的風險，比如覆蓋範圍略顯不足、替代水準不足、投資風險敞口過大等等。

顯然，想要真正滿足基本養老需求，個人有必要發揮更大的主動性，藉助商業保險手段來實現基本生活的保障目標，實現「我的養老，我做主」。商業養老保險何以擔此重任，用保險來輔助養老，能夠保證萬無一失嗎？如果有疑慮，就先來了解一下商業保險的各種優勢吧！

◆ 首先，商業保險操作簡單

股票、基金、房產等投資理財產品，必須得花費較多時間和精力來關注行情、走勢、相關政策等一系列問題，而保險就不一樣，只要確定了買什麼產品，投保之後只要每年按時繳費就可以了，操作起來簡單方便。

◆ 其次，商業保險報酬明確

只要投保人確定自己希望在退休後每月從保險公司領到多少養老金作為補充，就可以讓保險公司說明計算出需要購買的額度和繳費時間，到了約定時間就可以開始按月領錢了。能領到多少養老金是非常明確的，這樣就能對透過保險來輔助養老的比例情況做到「心知肚明」。如果發現自己的養老計畫尚有缺口，也可以及時補救。而其他理財品種，很難精確預測出幾十年後的收益情況，也很難由個人來控制。當然，由於報酬相對固定可計畫，保險的收益率水準相對就低一些。

◆ 第三，商業保險不需要承擔太大風險

作為養老資金，最基本的要求就是追求本金安全、適度收益、抵禦通脹，這與一般資金投資追求收益較大化的原則有很大的區別。所以商業保險低風險、收益一般的現實情況，反而可以作為輔助養老資金的一個優勢而存在。

◆ 第四，商業保險在一定程度上可以強制儲蓄

年輕的時候，花錢的管道有很多，如果不強迫自己為將來養老而預先做點準備，那麼很可能就導致老年生活沒有相應的保障。而保險恰恰有一個強制儲蓄的特點，必須按時定量交保費，從而使得養老安排比較有計畫性。而且，由於退保帶來的損失比較大，因此人們會慎重考慮「毀約」問題，從而就使保險帶有一定的強制性。這個特點對於平常消費傾向明顯，投資意識較為淡薄的人群而言，顯得更為穩當，也更加有效力。

◆ 第五，商業保險具有「複利」的神奇效果

作為一項長期的理財計畫，透過複利滾存計算收益的保險顯然是儲備時間越久，其效果也就越佳。所謂路遙知馬力，日久見「效力」，「複利」的神奇效果透過保險可以得到良好的表現。而且，終身型的養老保險具有「活得越久，領得越多」的特點，是其他任何理財產品都無法與之相媲美的。

目前，市場上可供輔助養老的保險產品形態越來越多，包括傳統的固定利率養老險、分紅型養老計畫和萬能型保險等。如果是選擇購買固定利率的養老年金險，最好是在利率比較高的時期買，那樣會比較有「威力」。由於保險是複利累積收益，購買時間越早，保費越低，報酬也越高，所以購買傳統固定利率的儲蓄型養老險，需要把握時機，在自身年紀

輕、利率較高的時候購買是最划算的。

在低利率時代，可以選擇分紅或萬能型的保險產品來作為輔助養老的手段之一。分紅型養老年金險和傳統固定利率的養老年金險一樣，也有保底的預定利率，但要比傳統養老險稍低。但分紅險在預定利率之外，還可以獲得不確定的分紅利益。其分紅有現金分紅和保額分紅兩種形式，現金分紅每年可直接兌現，保額分紅從長期累積的角度來看，保障作用更為明顯。對長期利率看漲、對通貨膨脹因素比較敏感的人群適合購買此類保險。

萬能型壽險由於偏重帳戶累積，部分提取帳戶資金的手續便捷、費用較低，因此也可以用作個人養老金的累積。這一類型產品的投入保費在扣除部分初始費用和保障成本後，剩餘部分將全部進入個人帳戶，這部分也有保證收益，其收益為複利累積。萬能險具有保額可變、繳費靈活的特點，比較適合中高收入人群購買。

投資相連保險是各型保險產品中投資風險最高的一類，當然也最有可能獲得較高收益。它也是一種長期投資的手段，但不設保底收益，保險公司只是收取帳戶管理費，盈虧由客戶全部自負，和基金有些相似。此外，投連險可為客戶設立不同風格的理財帳戶，其資金可以按一定比例搭配，用於投資風險不同的金融產品。這種保險類型比較適合風險意識較強、收入較高的人群。

專家出招

問：購買個人商業養老保險時有哪些需要考慮的因素，以什麼比例購買最為合理？

答：

透過購買個人商業養老保險而獲得的養老金只是全部養老規劃的其中一環，在選擇養老保險計畫時，應充分考慮個人目前的收入水準，並結合自己的日常開銷、未來生活預期、透過膨脹等因素，做出合理選擇。至於比例問題，透過購買商業養老保險所獲得的補充養老金占到未來所有養老費用的 20% ～ 40% 就可以了，每年的養老儲蓄類保費支出以不要超過目前年收入的 8% ～ 10% 為宜。

第 12 章
不同家庭的專屬理財妙計

收入不穩家庭的理財攻略

理財是伴隨人一生的一種生活方式。在人生的不同階段，會有各種不同的理財需求，即使有些人的理財目標頗為相似，也會因為家庭結構、收入高低及生活水準的差異，而需要制定不同的理財規劃。所以說，雖然每個人都需要一份合理的理財規劃，但這份規劃又是因人而異、因時而異的。

現在，從事自由職業的人越來越多。雖然相對來說自由多了，但收入也會隨之變得不穩定，像這樣的家庭該如何理財呢？

我有一個性格開朗、為人直爽的朋友叫叮噹，今年剛到而立之年，目前為自由職業者，年收入 60 萬元，老公在銀行工作，年收入約 200 萬元，家中有個三歲的女兒。擁有總價值 950 萬元的房產兩套，仍有 160 萬元房貸未還清。此外，有 100 萬元存款以及其他投資類金融資產總額 150 萬元。

叮噹的理財目標主要有以下幾個：

- 旅遊計畫：預計每年一次，支出約在 10 萬元。
- 購車計畫：來年購買一輛 100 萬元左右的車或來年年底前貸款買一輛。
- 子女教育金：十五年後送女兒到國外讀書（目前每月定投 1.5 萬元基金）。

■ 最終理財主要目的：叮噹沒有固定工作，所以希望多攢一些養老的錢。

總體來看，叮噹的家庭總收入比較高，年收入達到了 260 萬元，每年可結餘 174.4 萬元。從具體情況來看，叮噹家裡的收入結構有點失衡，丈夫是主要的收入來源，占到家庭總收入的 77%，而叮噹沒有固定工作，收入不是很穩定，需要根據這個現實情況來重點規劃。

目前，叮噹家庭的現金保有量為 100 萬元，如果沒有收入來源，這部分現金足以維持家庭十三個月的支出需求。就他們家的目前情況而言，這部分資金有些過多，從而影響了家庭資產的收益與增值。叮噹的丈夫作為家庭經濟的支柱，沒有投保任何保險，存在很大的隱患，一旦出現意外情況，會對家庭財務造成不小的衝擊，將會直接影響到生活品質。

從家庭收入情況看，如果叮噹能夠按以下建議進行規劃，完全可以實現她的理財目標。

◆ 現金規劃

雖然叮噹的收入不是很穩定，但家庭也沒有必要保有大量的現金。如果把現金量降低到 50 萬元左右，其他的資金轉作他用，會更好一些。

◆ 旅遊規劃

依叮噹的家庭收入，每年 10 萬元的旅遊支出不成問題，主要考慮的問題是時間，應根據時間來安排行程。

◆ 購車計畫

100 萬元的購車資金如果從現在開始準備的話，平均每月只需 5 萬元，一年半的時間就可以積攢足夠了。此外，還需要考慮購車的相關稅費，建議在購車價的基礎上增加 10 萬元的儲備。

◆ 子女教育計畫

鑑於小孩的教育費用是家庭開支中最為剛性的部分，學費的增長速度較快，因此應儘早準備。目前，孩子出國讀大學每年的學費加生活費大約需要 200 萬元，叮噹每月定投 3 萬元基金，按年利率 5% 計算，十年後可以累積 2,200 萬元的資金，足夠供孩子完成大學學業。

此外，建議叮噹及時增加保險。保險給付金以可維持十年生活費用為基準，並且確保仍能支付日常支出、子女教育金等。考慮到家庭收入的不穩定性，在壽險方面不推薦保費要求較高的終身壽險，建議選擇 CP 值較高的定期壽險。另外，夫妻二人可以各自增加 500 萬元意外保額，以加強家庭基本保障能力。

專家出招

問：對於夫妻有一方為自由職業者、收入較不穩定的家庭來說，該如何購買保險？

答：

對於收入不穩定的家庭來說，可以購買萬能壽險。因為這種家庭在財務方面有較多的不確定性，基本的理財思路應當是以保守型理財為主，適當配置較高的家庭保險保障。而傳統的壽險一般都會設定固定的繳費期限，短則三五年，長則二三十年。在相同保額或保障的前提下，繳費時間越短，資金壓力就越大；繳費時間越長，對收入的穩定性要求就越大。萬能壽險的優點就在於突破了傳統壽險的繳費時間和保額之間的相互限制，可以彈性設置繳費時間和保險保額，滿足客戶的個性需求。

三口之家理財規劃小妙招

一次朋友聚會中，小谷滿臉都洋溢著幸福的表情，並且還不時哼個小曲，這讓我們疑惑萬分。「這傢伙莫不是中了一千萬的樂透吧？」架不住我們的圍攻緊逼，小谷到底還是招了：「我就要當爸爸了！」恭喜之餘，我們朋友幾個也為小谷未來的家庭理財規劃提了一些建議。

由於生活成本的增加，家裡添一口人不再是以往添雙筷子那麼簡單的事情了。對於一個普通家庭來說，生養一個孩子所要付出的不僅僅是父母含辛茹苦將近二十年的心血，而且還得為其準備一筆數額龐大的教育經費。

小谷家裡的基本狀況是這樣的：

小谷的月收入大約有 10 萬元，他妻子玲子的月收入將近 5 萬元，由於身體狀況欠佳，家人建議玲子在家休養一年，這一年玲子的月收入降為 2 萬元。小谷和玲子一個月的消費大概在 4.5 萬元左右，目前有存款 40 萬元。去年買了一套總價值 850 萬元的房子，首付 450 萬元，貸款 400 萬，二十年還清，已經還了一年。新房子目前尚未入住，暫住在父母家裡。目前，小谷在銀行裡還有 100 萬元的理財基金，計畫一年之後取出，作為新房的裝修款。兩人除了公司給上的基本保險之外，沒有購買其他保險。

孩子的到來，讓小倆口在欣喜過後，細心的重新規劃了家庭理財目標：

◆ 生活品質方面

大的目標：第一，還清房貸；第二，買一輛價值 200 萬元左右的家庭轎車。

鑑於這是一個特殊的時期，所以理財應該穩字當頭，從而保證有效完成過渡時期的轉變。

首先，從玲子懷孕到小孩出生，恢復正常工作前，屬於過渡階段。由於家庭收入減少，而玲子懷孕又會增加額外的開支，所以這一時期應當採用保守的理財方式，在保證資產增值的基礎上，適當配合風險極低的理財產品，同時還應保證一定數目的流動資金，以備不時之需。

其次，從40萬元存款中取出30萬用於投資開放式基金，其中50%投資於貨幣型基金，50%用於投資債券型基金。這種投資組合的風險很低，可以保證本金的安全，同時又具有很強的流動性，收益也要比銀行的存款利息更為理想。

再次，銀行的100萬元理財基金到期後，不要全部拿來裝修房子，留出50萬用於裝修就可以了，其餘的可以用來提前還貸，這樣既可減輕還貸壓力，而且還能減少總體的利息支出。

第四，由於小谷是家裡收入的主要來源者，所以應當為自己買一些保險。最好是替自己和妻子購買消費性的定期壽險、健康險和意外險，至於保險額度，自己的身故賠償大於餘下的房貸金額就可以了。

第五，孩子出生以後，其學前教育的重點應當放在注重孩子的身心健康、素養鍛鍊以及親情培養三個方面，切不可只重視孩子的物質給予，而忽略了對孩子心靈上的關愛。

◆ **保險保障方面**

保險的重要性在任何時候都不能忽視。在加強家庭保障方面，需要做好以下三點：

- 萬一有不幸發生，家人仍然能夠維持目前的生活水準；
- 要有確保孩子能夠完成大學學業的教育費用；
- 要根據自己的退休年齡、理想的退休生活預計所需，計劃好養老費用。

此外，針對即將加入家庭的新成員 —— 小寶寶，也可以為其制定一個教育計畫書，內容可以參考如下幾條：

◆ **制定目標**

可以分為短期目標和長期目標。短期目標主要包括孩子每月的基本生活費以及教育開支等，長期目標主要包括在孩子未來的成長過程中，能夠為孩子提供一個什麼樣的成長環境，並且享受什麼樣的教育。

◆ **為孩子購買保險**

適合孩子的險種有很多，比如健康保險、人壽保險等等，可以根據實際情況選擇合適的險種，為孩子投保。

◆ 教育投資

孩子的成長離不開教育，要想讓孩子成為出類拔萃的人，更加離不開長期的教育投資。所以在孩子出生之際，就要為他（她）著手準備接受良好教育的所需費用。

專家出招

問：我女兒明年就該上幼稚園了，作為父母，該如何籌集、規劃孩子未來十多年的教育經費？

答：

籌集孩子的教育經費，關鍵在於堅持長期投資的理財觀念，找到適合自己的理財方式，基金定投就是一個不錯的選擇。父母可以每月以固定金額自動投資於基金產品，透過長期堅持，最終積少成多、逐步達到收益目標。基金定投之所以特別適宜作為孩子成長教育的資金儲備，還在於它的積年累月方式實實在在為父母減輕了負擔。

五口之家，三代同堂的理財方案

所謂「五口之家」，就是我們經常所說的「上有老，下有小」的家庭模式，家庭成員包括一對夫婦、他們的孩子以及已經喪失了勞動力的年邁父母，一共有五口人，因此稱為「五口之家」。這種家庭結構相對來說比較複雜，因為上有老人要贍養，下有孩子要撫育，夾在中間的夫婦倆還得籌備自己的養老金，可謂負擔沉重。

因此「五口之家」在消費和後續資金需求方面比較複雜，因此建議在謹慎分配的同時，充分利用好現有資源。具體建議如下：

1. 辭職創業需要慎重考慮

個人創業必須考慮這樣幾個因素：是否有明確的行業目標和客戶市場、可投資資金是否雄厚、機會成本。資金不是最重要的問題，假如對個人創業成功的綜合把握性很大，可考慮將舊房出售，以取得足夠的創業啟動資金。

2. 保費額度可以適度降低

從長遠來看，應該減少那些實際收益與實際需求差距較大的投資，或者夫妻雙方同時向保險公司申請減額（各減一半）。這兩種方式所造成的當下損失一樣，可酌情選擇。

3. 盡量實現以租養房

舊房出租每個月可以收取租金，而且貸款利率與房租水準一般都是正向關係、同升同降，可以長期維持下去；每月的固定收入可以用來維持家庭日常開支和贍養老人。

最後需要說明的是，對於經濟條件一般的家庭來說，孩子的教育費用和贍養老人的費用可能是家庭開銷的主要部分，應當把這兩項資金的安排作為剛性支出，充分重視起來。

專家出招

問：投投連險如何才能將風險降到最低？

答：

投連險的風險雖高，但透過「帳戶轉換功能」可在一定程度上降低風險。在市場風險加大時，可以將資金暫時放到低風險的固定收益帳戶，以獲取較穩健的收益。等到市場狀況好轉後，再將資金重新轉入偏股型帳戶。但在進行轉換時，投保人須對市場有較全面的把握。一般來說，投連險帳戶價格波動相對資本市場變化有一定的滯後性，只有在轉換帳戶時選擇與風險承受度和目標投資期最匹配的帳戶，才能獲得較好的成效。

頂客家庭的理財藍圖

「頂客」一詞，對於年輕人來說並不陌生。如果說過去的「頂客」族是在引領一種時尚、一種潮流，代表了自由與叛逆，那麼新一代「頂客」族則是在尊重自己內心真實想法的前提下，做出的一種順其自然的選擇。日趨開放的社會對不要子女的選擇開始變得寬容，「頂客家庭」也越來越被大眾所接受。

我們公司有一個客戶，是做設計工作的，人們都叫她安妮。剛三十出頭的安妮和她丈夫選擇了當「頂客」一族。目前，兩人的月收入共約 7 萬元，年終獎共計 15 萬元，每月的日常消費約 3 萬元。此外，兩人有一套價值 800 萬元的自住房以及 80 萬元銀行存款。雙方的父母均有醫保和養老金，基本不需要他們負擔。在保障方面，安妮夫婦都有基本的醫療和養老保險。隨著物價的持續上漲，安妮和丈夫開始擔心未來的養老問題。

可以看出，安妮家的房產和存款幾乎占到了家庭總資產的 100%，沒有任何像基金、債券、股票之類的金融資產，屬於典型的保守型投資者。既然他們選擇了「頂客」的生活方式，那麼未來的養老問題就是無法逃避的。

俗話說得好，「老有所養，病有所醫」，保險是每個家庭必備的保障規劃，對於「頂客」家庭來說，這一規劃顯得尤為重要。安妮夫婦除了基本的養老、醫療保險之外，沒有其他商業保險。就目前的情況來看，僅僅依靠公司繳納基本的養老、醫療保險，並不足以保證他們晚年的生活品質，因此，對於這樣的頂客家庭來說，首先應該增加保險種類和額度。

1. 利用萬能險進行養老規劃

安妮和丈夫的收入在他們所生活的城市裡屬於中等收入，因此建議他們選擇一定的保險理財產品，進行長期、穩妥的養老金規劃。考慮到通貨膨脹的因素，最好選擇有增值功能的養老類保險，比如既可以穩妥又能夠長期儲備養老金的萬能壽險形式。

同時，為了降低養老保險的保障成本，綜合女性平均壽命高於男性、低年齡投保收益高等各種因素，建議以安妮的名義建立全家的養老帳戶。每年投入 10 萬元左右，繳費到退休前，那麼在退休以後，在萬能險帳戶中累積的資金足以作為夫妻倆養老金的重要來源。如果中途有突發的資金需求，也可以將其中一部分資金靈活調出。同時，在投保時可以選擇適度的身故賠付保障，保費可以隨時根據實際情況來調整。

2. 增加健康保險

對於一個家庭的保障規劃而言，僅有養老保險是遠遠不夠的。除了養老險之外，應當再增加保障類的健康保險，這樣可以在遭受意外傷害和疾病侵擾而產生醫療費用、收入損失時，獲得經濟補償或給付保險金。像安妮這樣收入水準的家庭，可以考慮保額在 150 萬元左右的重大疾病保險，附加一份保額在 200 ～ 1,000 萬元的意外傷害保險。

3. 投資貨幣基金

說完保險狀況，再來看看安妮家的投資狀況。由於安妮夫婦二人缺乏理財知識，又沒有投資經驗，建議安妮夫婦可保留 3 ～ 6 個月的家庭日常支出約 20 萬元當作緊急備用金，將家中的 80 萬元存款用於投資理財，比如可用 40 萬元投資貨幣基金，另外 40 萬元投資公債或活期存款等其他高流動性的產品，這種投資組合同樣可以保證比較穩定的收益，在家庭出現緊急情況時也有一定的流動資金保障。此外，夫妻倆每年的 15 萬元年終獎也可以作為備用金不斷補充進來。

4. 合理使用信用卡

除了投資貨幣基金外，還可以合理辦理使用信用卡。可以選擇主副卡的信用卡，這樣既可以共同積分，又可以透過每月帳單了解到家庭支出金額、項目和比例，還可以有效利用信用卡的免息期，做到「後付費」。

在日常生活中盡量開源節流，將每月的結餘採取基金定投的方式投資指數型基金，這樣既可養成強制儲蓄的習慣，從長期看也是一種不錯的投資理財方式。就算每個月拿出

5,000 元來投資的話，按年投資報酬率 6% 計算，二十年後的收益可以達到 23 萬。這筆收益再加上基本養老保險及商業養老保險，安妮夫妻的養老問題應該不會太大。

專家出招

問：我是某企業的中層主管，今年的年終獎估計會在 80 萬元左右，雖然目前還有一些房貸沒有還完，但壓力不大。這筆錢，我該用來投資什麼比較好呢？

答：

如果還有房貸，不妨可以考慮提前還貸，可以減少一些利息。但至於提前還貸合不合算，則應當參照購房貸款時簽訂合約的提前還貸情況而定。具體到投資，個人理財保值應重於增值，投資理財不應當有過高預期，仍然需要堅守穩健、安全、保值為重的投資理念。

「倒金字塔型家庭」的理財祕笈

現今社會，四位長輩加一對夫妻加獨生子女的倒金字塔家庭模式已漸成主流，隨之而來的就是沉重的家庭經濟負擔。隨著老年人的平均壽命延長，晚年的花費支出也在不斷增大；同時，子女的撫養教育也是一筆巨額的開支。因此，如何才能科學合理進行理財投資，對此類家庭尤為重要。

因此，建議倒金字塔型家庭在家庭理財規劃上考慮以下幾個方面：

1. 合理規劃現金

收入比較穩定的家庭，身邊的現金留夠一個月的開支就行，另外留兩個月的開支備用，可以以貨幣型基金的形式存在。

2. 增加保障

若已有基本保險，可在此情況下，考慮適當追加意外險和重疾險的保障額度。尤其是意外險，需要保額在目前收入的十倍以上。可以為孩子適當購買意外險和少量醫療險，保額不要太高。至於四位老人，從年齡看，購買養老保險的 CP 值已經不高，如果作為家庭收入支柱的夫婦二人能夠保障自己的身體健康，就是對老人最大的保障了。

3. 暫緩買車計畫

可以先將這筆錢用於穩健投資，兩年之後，就可以輕鬆買到自己喜歡的車了。

4. 旅遊費用準備

可以將日常開支稍微壓縮一下，利用每月的節餘資金來構建一個穩定的基金投資組合，比如混合基金和股票基金的投資組合就不錯。這種投資組合的收益相對來說比較穩定，也較容易實現增值目標，每年的旅遊費用也可以輕鬆搞定。

與「五口之家」相比，「倒金字塔型」的家庭因為要多負擔兩位老人的生活，經濟負擔更為沉重，因此更應當做好理財規劃。

專家出招

問：我和妻子都是年輕的普通上班族，想透過貸款來買一輛家庭用車，請問選幾年期的貸款比較合適？

答：

你們正處在事業上升期，隨著收入的增加，如果貸款期內具備提前還款的能力，可以考慮提前全部或部分還貸，這樣既能儘早取回被抵押的購車手續，還能充分利用家庭的富餘資金來進行其他方面的投資。

單親家庭的理財考量

相對於普通家庭而言，單親家庭的家長身上的責任更重，除了要關注孩子情感上的缺失之外，還要獨自擔負起撫養孩子長大成人的重任。通常的單親家庭中，一個人的收入要花費在幾個人身上。如果不早點做好收入與開支的規劃，很可能會導致入不敷出的情況發生。

我認識的一位李小姐離婚後獨自與四歲的女兒豆豆生活在一起。她有一家自己的公司，每年大約有 100 多萬的收入。離婚之後，丈夫每月負擔豆豆 1.5 萬元的生活費。目前，豆豆正在上幼稚園，每月的學費加上其他開銷，需要近 2.5 萬元，李小姐每月的日常開銷約 2 萬元左右，其中還包括父母的贍養費每月 5,000 元。離婚時，李小姐分得一套價值 600 萬元的房子，目前有銀行定期存款 150 萬元，還有 60 萬元的無息親屬借貸。

生意上的忙碌使得李小姐沒有時間打理資金，如何讓家裡的閒置資金流動起來以及如何透過理財保障孩子未來的教育等問題，讓李小姐頗感頭痛。

透過財務分析，可以看出李小姐的家庭財務狀況還算良好，首先，收入支出比例合理；其次，節餘比率也比較高。但由於太過注重資金的流動性，使得投資結構不盡合理。如果能夠增加投資，進一步利用槓桿效應以提高資產的整體收益性，那困擾李小姐的難題就會迎刃而解了。

作為單親家庭中唯一的經濟支柱，李小姐必將承擔較大的壓力。因此，其家庭理財規劃應當以安全穩健為重，首要目標即為保障家庭的財務安全。由於李小姐正處於事業發展的黃金階段，預期收入會有穩定的成長。同時，隨著孩子長大入學和父母年邁，現有支出也會增加。而且隨著年齡的增長，李小姐的保健和醫療費用也會有所增加。另外，60 萬元借貸也需在規定時間內還清，這筆支出比較大，最好提前做好準備。

鑑於以上情況，建議李小姐在規劃家庭理財時注意以下幾個方面：

1. 留足家庭緊急備用金

一般情況下，家庭緊急備用金的額度為家庭月支出的 3 ～ 6 倍。單親家庭抗風險能力相對較弱，且李小姐的保險不足，所以應當多準備一些。李小姐當前的月支出為 4.5 萬元，建議留出月支出的 8 倍即 36 萬元作為緊急備用金。

2. 及早準備，為女兒做好教育規劃

投保人出意外保費可豁免。這一條款對孩子來說非常重要，同時，還可以投資基金的方式來為女兒儲備教育費用。

每月投資一筆錢，定期定額購買一個投資組合，建議這個投資組合中債券型基金占 30% 左右，平衡型基金占 30% 左右，此外的股票型基金也占到 30% 左右。這樣一個穩健型的組合既可以規避風險，又能獲得相對較高的收益。

3. 適當投資，讓閒散資金動起來

除了 150 萬元定期存款，李小姐沒有任何其他投資。如果利率不斷調降，建議李小姐降低存款比例，輔以其他較具成長潛力的投資工具作為投資方式。首先，建議李小姐將全部存款的 20%，即 30 萬元繼續存為定期存款，期限不宜太長；其次，用全部存款的 30%，也就是 45 萬元來購買公債；第三，餘下的 75 萬元可以建立一個基金投資組合。由於李小姐有自己的生意需要打理，其精力和現狀都不適宜直接參與股市，因此透過購買基金來間接投資不失為一種好的投資方式。以基金定投的方式定期定額投入，不但可以降低平均成本，而且能夠避免系統性風險。

4. 及早規劃養老，輕鬆存夠養老金

由於李小姐職業的不穩定性以及單親家庭的特殊性，養老必須早作打算。如果從現在起就著手籌備，老年生活會安逸富足。

當前來看，李小姐的家庭每年可有 64 萬元的結餘，這部分資金除了替孩子進行教育規劃外，可將一部分用於養老資金累積。可以透過基金定投方式來建立個人養老保障，專設一個養老基金帳戶，從現在起，每月投入一定數額資金購買基金，一直堅持到五十五歲退休。雖然基金投資有一定的風險，但採用定投方式連續投資五年以上就幾乎沒有風險了。

5. 購買足夠保險，為家庭撐好保護傘

作為單親家庭中的主要經濟來源，李小姐所承擔的家庭責任很大，她沒有任何保險，如果發生意外或喪失勞動能力，很容易讓家庭陷入危機之中，對女兒的影響更是不可估量。因此，購買足夠的保險非常有必要。她可以選擇購買一份保障十八年或以上，賠償金額在 300 萬元左右的消費型定期壽險，再購買一份保額在 300 萬元左右的意外傷害險；第三，為自己購買重大疾病保險和住院津貼險；第四，為女兒購買意外及醫療保險。此外，鑑於生意上的需要，還應購買適當的財產險。

專家出招

問：請問，做生意的該如何為自己的企業、店鋪投保？

答：

現在專門針對商鋪開發的保險產品還很少。企業一般具有較好的防範風險的設備，而且風險評估比較容易，而小商戶的風險意識差，也沒有防範風險設備，有時還存在道德風險，因而保險公司在承保之前都要對其進行細緻的風險查勘，需要付出很多精力，與小型商戶投保的需求不相匹配。因此，一般保險公司不願意為小型商戶承保。小型商戶投保，除了要走整個環境查勘、風險評估等正常流程外，其具體經營項目也是必須考慮的因素。商戶為自己的店鋪投保，需要有合法的經營執照、固定場所以及店主的身分證明。

第 13 章
創業：讓就業成為過去式

一邊上班一邊創業需要注意什麼？

在這個創業浪潮「洶湧澎湃」的時代，越來越多的人希望能轟轟烈烈做一番屬於自己的事業，但由於工作時間緊、資金有限、缺乏經驗等各種原因，這些胸懷夢想的人不得不繼續徘徊在自主創業的大門之外。於是就有人選擇了一條中間路線：一邊工作，一邊創業。聽起來倒是不錯，在具體的實施過程中，有哪些需要注意的問題呢？

1. 如果不想太冒險，先從兼職做起吧

對於不想冒任何風險而又想嘗試一下創業滋味的上班族來說，兼職是一個不錯的選擇。目前，上班族做兼職不再是什麼稀奇事。兼職的種類較多，職位也有高有低，具體情況視各人能力和機遇而有所不同。不過，無論選擇做哪種兼職，都可以達到鍛鍊個人能力、累積經驗的目的，同時還可以累積一定量的資金。兼職既不會占用上班時間，又不用對目前的工作忍痛割愛，正好能夠彌補想創業的上班族，可謂一舉兩得。

在選擇兼職的時候，需要注意一點，就是要與自己的特長和未來的發展方向相結合。做兼職的目的是為了縮短自主創業的距離，如果陷入到為兼職而兼職，為眼前的一點蠅頭小利而忘記了對自己能力的鍛鍊和資源的累積，未免就有點得不償失了。

2. 兼職只是兼職，避免本末倒置

上班族創業最大的優勢，就是可以充分利用工作中累積的資源和建立的人脈關係，來為自己未來的事業奠定基礎。我有一個朋友原來在一家電腦圖像製作公司工作，在工作中與很多公司都建立了良好的合作關係，累積了豐富的人脈。時機成熟後，他辭去了原來的工作，自己成立了一個電腦圖像工作室。這一工作對於他來說簡直就是輕車熟路，因此他幾乎沒有冒任何風險，便踏上了成功之路。

這方面需要注意的是，在離職創業之前，不能將公司生意與個人生意本末倒置，甚至有利可圖的生意就歸自己，那些無利可圖或者虧本的生意就歸公司，這樣做不僅違背了做人最起碼的道德，而且還可能會受到法律的制裁。另外，要掌握好時間和精力，不能因為自己的創業活動而影響自己所在公司的正常工作。

3. 一個籬笆三個樁，一個好漢三個幫

有些上班族沒有充足的時間來自己創業，但可以提供一定的資金，或者擁有一定的業務經驗和業務管道，這種情況下可以尋找合作夥伴一起進行創業。找合夥人一起創業需要注意的是：責、權、利一定要分清楚，最好形成書面文字，有雙方簽字，有見證人，以免到時候發生糾紛而空口無憑。

4. 仔細權衡，選擇合適的投資專案

據某機構的一份調查顯示，上班族最熱衷的創業項目一共有十個，分別是：擺地攤賣服裝飾品；炸雞排、鹹酥雞等小吃攤；咖啡店；線上開店；便利商店；飲料冰品店；連鎖加盟餐飲；語言補習班；升學補習班；瘦身美容用品或服務。不難發現，這十個項目有一個共同特點，就是投資較少，另外一個特點就是管理相對簡單，不需要創業者長年累月盯著。

此外，可以選擇做一個好的產品代理。隨便翻開報紙、雜誌，到處可見尋找產品代理的廣告。有些人對此類廣告抱有一種本能的排斥，其實裡面同樣隱藏著商機，關鍵在於如何「沙裡淘金」。想做代理的朋友，可以參考以下幾條原則：

- 盡量不選擇大公司和成熟產品。一般來說，這類產品的市場已經比較穩定，但利潤空間小，條件苛刻，對創業者的投資實力要求很高。
- 產品要有獨特性，進入門檻要高。有些產品本身不錯，但太容易仿造，市場一旦打開，跟風者一哄而上，很快就又垮掉了。這種情況下損失最大的，除了廠商就是代理商。
- 最好直接與製造商聯絡。如果打算做二手、三手代理商，有三個需要考慮的問題：第一，上級代理商留出的利潤空間是否足夠；第二，上級代理商的人品與信譽；第三，上級代理商與生產廠商的關係。

專家出招

問：大學畢業後，我想自己做點生意，但資金和經驗都比較有限。請問，如果要找合夥人一起投資，需要注意哪些問題呢？

答：

在創業初期，假如需要找一個合作夥伴的話，建議你最好在自己熟悉的朋友、同學、同事、親戚中尋找，此後就要靠制度和契約來保證各方的責、權、利。因為人是會變的，感情也會變，有制度和契約作為一種保障，就可以平靜處理分歧和糾紛，不會造成「兄弟反目」、「朋友變仇人」的結果。

投資自我，是最值得的理財方式

經濟學有一個論點：任何一項投資，都有其不可測的風險。即使是投資經驗最豐富的理財專家，也不敢斷言某種投資行為能夠穩賺不賠。然而，有一種投資卻絕對有益無害，而且投資越多回報也就越多，那就是自我投資！

對任何一個人來說，自我投資都有著非凡的價值，它更直接關係著一個人的人生是否能夠最大限度走向成功。所謂自我投資，其實很簡單。就是每個人對自己的未來發展趨勢所投下的心力和精力。換句話說，你希望自己成為什麼樣的人，希望自己擁有什麼樣的生活，希望在有生之年實現哪些願望，都必須早做計畫，然後一步步投入有形或無形的資金，最終達到「利益的最大化」，即化夢想為現實。

自我投資和一般商業性投資最大的不同之處，就是只要投入就有收益，而且時間越久，獲益越多。更重要的一點，自我投資絕對不會像炒股一樣，稍有不慎就會血本無歸。而且，在你獲益之後，就算他人再覬覦你的成就，也無法從你身上搶走一分一毫。

自我投資的實質意義，就是進行自我充實，包括學識、思想觀念、為人處世、專業技術以及藝術修養等等，它的先決條件建立在自我開發之上。毫無疑問，每個人都有許多潛在的能力，如果不去挖掘，很可能一輩子都無法展示其魅力，但如果加以開發利用，它往往會產生令自己都意想不到的效果。

或許你從不知道自己有某方面的能力或缺陷，也從不曾想要去發現，只是機械重複著一天又一天。可能你會覺得疲憊、沉悶、無聊，但又找不出原因。這時，何不好好檢視一下自己呢？除了基本資料之外，自己尚有哪些資產？比如：自己喜歡什麼，會些什麼，有沒有什麼技能……這些資產，都不是憑空得來的，而是需要不斷的投資來獲得。假如一個人平常既不看書又不聽音樂，既不愛旅行又討厭動物，而且還不屑學習任何新事物，從不對自己做任何投資，這樣的人生自然會很乏味。

及時對自己進行投資吧！自我投資的另一好處就是——任何時候開始，都不會晚。只要你肯，今天的投資必然會造就明天豐碩的收穫。

專家出招

問：我是朋友們中間最為有名的「月光女」，他們都說我應該適當提高一下 FQ（財商）了。其實我也不想成為敗家女的，可 FQ 的提高又不是一朝一夕的事情，我該從哪一點做起呢？

答：

首先，能認識到自己在理財觀念上的不足，就說明你已經在進步了。FQ 與 IQ 的最大的不同之處就是 FQ 可以透過一定的學習和鍛鍊得到很大的提高，而 IQ 就不一定了。具備高 FQ 的人，必須具有一定的財務知識、投資知識、資產負債管理和風險管理的知識。要增加這些知識，首先就是去學習，平時多流覽這方面的書籍和雜誌，一定會受益匪淺。

其次，在日常生活中，每天都可以接觸到這樣或那樣的理財資訊，對此給予一定的關注，並不斷累積和總結，相信終有所獲。當然，如果有機會參加理財類的培訓或研討，聽聽專家或實踐者的經驗或教訓，對於提高自己的 FQ 會大有裨益。

再次，就是在實踐中不斷進行鍛鍊，總結經驗教訓，逐步提高理財能力。

創業風險知多少？

風險是指在某一特定時間內，在某一特定環境下，可能發生的某種危險。換句話說，就是在某個特定的時間段裡，人們所期望達到的目標與實際出現的結果之間產生的距離，主要由風險因素、風險事故和風險損失等要素構成。

舉個例子來說明一下。比如：在一個大雨天，正處於下班尖峰期的時候，有個人騎著腳踏車從家裡出發，準備去購物中心買東西，不幸半路上發生了交通事故。對這一事件進行簡單的分析：下雨天、車流尖峰期、腳踏車，這都屬於風險的因素；交通事故就是風險事故；而當事人所受到的意外傷害就是本次風險事故所造成的損失。

這個突發的事件告訴我們，日常生活中經常有意外發生，風險幾乎無處不在。但是，沒有人會因為風險的存在就停止任何事情，也沒有人為了躲避風險就拒絕做任何事。正如不能因噎廢食一樣，雖然風險重重，但太陽照常升起。

創業也是如此。不管選擇在什麼行業創業，都存在風險。有的人能很好預測風險，所以巧妙避開了，而有些人則因為無法預料潛在的風險，或者在風險來臨時沒有採取對應的措施，在風險所帶來的損失中一蹶不振，東山難再起。那麼，在創業的過程中一般會潛藏著什麼樣的風險呢？

◆ 管理風險

在所有創業風險中，最大的風險就是管理風險。老闆既是投資者，又是經營者，或者所聘請的經理人員由於不善管理而產生的風險。在選人用人方面，一定要任人唯賢，切忌任人唯親。選一個好的管理人才，必須看他是否具有以下三個方面的能力：一是知識、技能及運用能力；二是個人特質及運用能力;三是日常言行舉止所顯示出的對工作，對他人，對自己的態度。選擇一個好的管理者，企業就具備了一定的管理能力，風險就會大大降低。

◆ 法律風險

企業要及時妥善解決好法律風險問題，否則會造成一定的經濟損失。假如企業因為違反合約被起訴，就要賠償對方的直接損失和利潤損失；而如果違反了經營法規，就會受到行政罰款。

◆ 盲目投資風險

任何投資都有一定的風險，只有在充分了解自己、了解市場的基礎上做出的投資決策才是對自己負責任的表現。僅憑一時的熱情和衝動、盲目聽從他人的意見或「隨波逐流」，必會帶來始料未及的損失。

◆ 人才流失風險

企業的生存和發展，說到底還是人才在起作用。誰擁有了人才，誰就能立於不敗之地，反之，誰就失去了競爭的先決條件。

◆ 財務風險

在經營過程中，由於種種原因，導致經營管理不善，造成資金短缺或周轉困難，從而對企業造成一定的損失，嚴重時還會出現破產倒閉的情況。

◆ 市場風險

指企業所開發的產品或者不能適應市場需要，技術落後，產品品質不過關；或者售後服務跟不上；或者銷售通路不暢通，各種綜合因素加在一起，導致沒有市場競爭力。

◆ 詐騙風險

創業前期，業務開發會有一定難度，所以就很容易對送上門來的業務失去警惕性，導致上當受騙。因此，在創業初期尤其要時刻保持清醒的大腦，要有強烈的防詐騙意識。

當然，創業的風險遠不止這些，它幾乎貫穿於創業、經營的整個過程。一個人要想成功，就得有勇氣承受來自四面八方的風險，同時還要學會巧妙規避風險。風險承受能力的強弱，也會最終決定一個人在創業的路上能走多遠。

下面，來測測你具有怎樣的危機意識吧！

一頭乳牛正從牛舍裡出來吃草，請你就直覺判斷，牠將走至下面哪一處覓食？

A. 山腳下

B. 大樹下

C. 河流旁

D. 柵欄農舍旁

……

A. 你的危機意識很強，甚至有點杞人憂天！也許很容易的事，被你天天惦念著，久而久之也變成困難的了。請放開心胸，緩和一下，先別跳槽，天塌下來還有高個子扛著呢！

B. 在職場，你一天到晚無憂無慮，認為「船到橋頭自然直」，這樣身邊的人會認為你做得少。如此樂天知命，天底下恐怕像你這麼樂觀的人已經不多了。

C. 你成天迷迷糊糊的，記性又不好，總是要人家提醒你才會有危機意識，公司的人早知公司快要倒了。最後你定睛一看，就剩老闆和你了。但是一會兒之後，又完全不記得危機意識是什麼東西了。

D. 你的確很有危機意識，不過你所擔心的事的確有點擔心的價值！也就是說，你並不是沒事亂緊張的人，反而常常未雨綢繆！

專家出招

問：作為一名剛踏出象牙塔的大學生，在選擇自主創業時會遇到哪些問題的困擾？

答：

對於剛踏入社會的大學生來說，創業所面臨的難題和困惑並不少。

首先，缺乏足夠的啟動資金。剛畢業的大學生一般來說沒有固定收入，選擇在這個時候創業本身就有一定的風險，何況還得用家裡的錢。如果得不到家裡的資金贊助，啟動資金就是一大難題。

其次，缺乏市場經營經驗。大學生雖然有熱情、有抱負，但缺乏具體的市場開拓經驗與相關的知識，所以在創業過程中很可能會因「紙上談兵」而敗北。

再次，心理承受能力弱。一般來說，學生生涯是比較風平浪靜的，沒受過什麼挫折，因而在踏入社會初期會比較脆弱。其實無論何種創業都會有風險，要有能承受住各種風險和失敗的勇氣和魄力，才能最終走向成功。

第四，缺乏創新能力。要想在市場上站住腳，必須具備創新能力，多看看那些成功者在開始時怎麼做的，不要一味跟著別人走。

第五，所學知識與實際運用連繫不緊密。很多大學生創業者都抱怨自己所學的知識在創業的時候完全用不上。其實不是用不上，而是看怎麼用，用得好一樣對創業有幫助。

創業初期如何融資最省錢？

許多人在創業初期，最頭痛的事情就是資金不足。而有些人求「資」若渴，為了籌集創業啟動資金，根本無暇顧及籌資成本和自己實際的資金需求情況。但是，日益激烈的市場競爭使得經營利潤率越來越低，因此，創業者在創業初期融資時一定要考慮成本，掌握創業融資省錢的竅門。

相信很多人都會想創業初期如何融資才能最划算，對於想創業的你來說，這樣想就對了。

下面，我就教給大家幾個創業初期融資的妙點子：

1. 巧選銀行，貨比三家再貸款

按照金融監管部門的規定，各家銀行發放商業貸款時，其貸款利率可以在一定範圍內上下浮動。沒有仔細考察就匆忙貸款，光利息就要損失很多。其實到銀行貸款和買東西一樣，要貨比三家才能選到物美價廉的商品。

2. 合理挪用，住房貸款也能創業

假如創業者有購房意向，並且手中恰好有一筆足夠的購房款，可以先將這筆購房款「挪用」於創業，然後再向銀行申請辦理住房貸款。如果已經購買有住房的話，則可以用現房做抵押來辦理普通商業貸款，這種貸款不限用途，完全可以將其規劃為創業啟動資金。

3. 精打細算，合理選擇貸款期限

銀行貸款一般分為短期貸款和中長期貸款，貸款期限越長，利率也就越高。如果創業者資金使用需求的時間不是太長，盡量選擇短期貸款。比如：原打算辦理兩年期貸款的，可以一年一貸，這樣可以節省利息支出。另外，要密切關注利率的走勢，如果利率趨勢走高，應搶在加息之前辦理貸款；如果利率走勢趨降，在資金需求不急的情況下則應暫緩辦理貸款，等降息後再適時辦理。

4. 親情借款，成本最低的創業「貸款」

一般在創業初期，最需要的是低成本資金支援。如果有關係較好的親朋好友在銀行存有定期存款或公債，可以嘗試和他們協商借款，按照存款利率支付利息，並可以適當上浮，這樣就可以非常方便快捷籌集到創業資金，親朋好友也可以得到比銀行略高的利息，可謂兩全其美。不過，採用這種籌款方式需要有良好的信譽，必要時可以找擔保人或用房產證、股票、金銀飾品等物品來做抵押，以解除他人的後顧之憂。

5. 提前還貸，提高資金使用效率

在創業過程中，如果因效益提高、貨款回籠以及淡季經營、壓縮投入等原因，致使經營資金出現閒置，可以及時向貸款銀行提出變更貸款方式和年限的申請，直至部分或全部提前償還貸款。貸款變更或償還後，銀行會根據貸款時間和貸款金額據實收取利息，從而降低貸款人的利息負擔，提高資金使用效率。

小投入，大回報的創業之道

有調查顯示，受金融危機的影響，職場人的創業投資熱情一路飆升，有近 40% 的職場人有做點小生意的打算。如果

你也有此想法，而且手中還恰好有一點點啟動資金，那麼不妨嘗試一下。有時候，一次小小的投入也可以帶來很大的收益。當然，創業不是說句話那麼簡單的事情，它除了要有一定的資金支援外，還要選對專案、擁有足夠的人脈資源和實戰經驗等等。所有這些都具備的話，就看看下面這幾種小投入也可以賺大錢的「金點子」吧！

1. 男士內衣店

都說女人的錢好賺，所以大多數服裝廠商和商家將主要精力投入到女性市場，男性市場一直處於被忽略的狀態。國外不少廠商瞄準這一盲區，透過調查發現，現代男性承受的壓力更大，再加上男性在逛百貨時目標明確，不願意浪費大量的時間尋找想要購買的物品。因此，很多百貨已經為男性開闢了集中便捷的專門場所，專門的男士內衣店也非常火爆。

男士內衣店的投入不多，主要是鋪面、裝修和首次進貨貨款，各地鋪面價格不等。

開男士內衣店，關鍵要選對品牌。目前，受男士歡迎的男士內衣主要有兩類。一類是日常型的，以純棉面料為主，特點是舒適、素雅、含蓄；另一類是造型誇張的情趣內衣。

其次，選址也很重要。其祕訣是鬧中取靜，交通便捷。

面積在 5 ～ 8 坪就可以，不需太大。店面整體風格以樸實、整潔為宜。

男士內衣店的主要消費者是時尚前衛的年輕男士，也有部分中年人。店員最好以男性為主，這樣，男性顧客和他們交流會更加方便一些。

2. 嬰兒紀念品專賣店

目前，市場上流行的嬰兒紀念品包括:胎毛筆、胎毛畫、手足秀等。胎毛畫是將嬰兒嬌憨可愛的形象和屬相卡通相結合，再用其胎髮經過織繡製成工藝品。手足秀是將孩子的小手小腳取印，用高分子材料灌注成立體模型，配以各種卡通圖形和父母的祝福語，非常具有紀念意義。

此類門店選址時，一般應選擇在大型醫院（尤其是婦幼醫院）旁，附近最好有大型社區，這樣便於進行集中的市場宣傳。口碑相傳的力量很大，要想贏得更多的客戶，應先為客戶提供更多的方便。例如，既定區域可提供免費上門服務；累計消費達到一定程度可提供一定價值的商品和服務；或者與兒科專家聯絡，為目標顧客提供免費的育嬰諮商……所有這些付出，都可提高顧客對產品的信任度和對商家的忠誠度。

另外，由於一般的門店不具備直接加工製作的直接條件，顧客最關心的就是所用的胎髮是否會摻進別的東西，或與別人的相混。因此，一定要嚴格管理流程，編號、封存、存檔可讓顧客參與，同時承諾產品的可信度。

3.「筆記型電腦」美容店

雖然筆記型電腦的價格在不斷下降，但人們對於其個性化的追求卻在不斷提升。目前的筆記型電腦大都式樣同質化、顏色單調，這就催生了新的商機——「筆記型電腦」美容店。

所謂筆記型電腦美容，就是對筆記型電腦的外觀進行保護和美化，防止筆記型電腦劃傷，增加外觀的可視效果。目前，大多數店裡所採用的「筆記型電腦貼」都採用防水、耐磨性強的特殊材料，透過背面獨有的網格立體構造，可以最大限度排除黏貼時所產生的褶皺和氣泡。

除了「美容」之外，還可以在店內配備多種電腦周邊產品，比如一些卡哇伊的鍵盤、滑鼠、滑鼠墊、音響等等，很受女孩子的青睞。

筆記型電腦美容市場的最大客戶群就是學生，而且這個群體還在不斷增長。其中尤以女性居多，男性用戶則更多是出於對筆記型電腦的保護。

毋庸置疑，筆記型電腦美容是一個新興行業，但其與筆記型電腦的整體銷售有很大關聯。在進行筆記型電腦美容的同時，銷售一些筆記型電腦包、滑鼠等周邊產品也可以成為筆記型電腦美容的一門副業。當然，個性化的產品搭配筆記型電腦美容會帶來更加廣闊的市場。

4.DIY 餅乾小店

現在的年輕人追求個性，送禮物不僅要送心意，更要有創意。DIY 餅乾就具有價廉物美的優勢，雖說禮輕但「情意重」。對於資金不是很充足但又想創業的朋友來說，DIY 餅乾作坊便是一個低成本、低風險的投資項目。

我一個朋友開了一家「QQ 餅乾作坊」，光是看店名就很容易給人一種別樣的感覺。如果再配置以暖色的牆紙、柔和的燈光、柔軟的沙發，更使人倍感家的浪漫與溫馨。開這樣的 DIY 小店，店內的布置是非常重要的，溫馨浪漫的氛圍更能吸引顧客的目光，拉近店鋪與顧客的距離。

在選址方面，DIY 餅乾作坊一定要開在人流量大的地方。DIY 項目的趣味性深受學生一族的歡迎，所以把店址選在學校周邊，也是一個不錯的選擇。

新事物的不斷湧現，對這種 DIY 小店也會形成一定的考驗。如果顧客對 DIY 餅乾的過程失去了新鮮感，就會影響客流，使收入減少。所以，如何維持顧客對這樣的小店來說非常重要。其次，如果開在學校附近的話，其主要客戶群就是學生，當學生的學業繁重或寒暑假期間，其客源也會相對減少。

專家出招

問：我想開一家正規品牌服飾折扣店，請問在選擇品牌的時候需要從哪些方面進行考慮？

答：

開品牌折扣店，下面的這幾個方面最重要：

◆ 公司總部實力

品牌折扣全都是現貨貿易，所以公司實力最為重要。一定要實地考察，多方比較，眼見為實。與一家有實力的品牌服飾折扣企業合作是成功的基礎。

◆ 配貨方式

最好找一家像超市或倉儲式配貨方式的公司，代客配貨或選款寫碼代為配貨，都不太可信。

◆ 倉庫面積

因為品牌折扣是現貨貿易，所以倉儲一定要大，才能保證充足的後續貨源。

◆ 價格

折扣太低，可信度也比較低；折扣太高，則沒有價格優勢。一般而言，一折供貨、兩到三折零售是比較合理的價格，同時具有很強的價格優勢。

◆ 品質

品質的好壞，主要取決於是否正品，能否保留原有品牌吊牌。

◆ 合作條件

要記住，天上不會掉餡餅，條件越低，投資風險反而越大。那些條件較低的公司，通常不能滿足後續的貨源或服務力度跟不上。與這樣的公司合作，顯然無形中增大了投資風險。

避開加盟創業的八大陷阱

如今，連鎖加盟的發展態勢猛烈，「加盟神話」你方唱罷我登臺，演的是不亦樂乎。然而，從事連鎖加盟真的一本萬利嗎？有人十分肯定，也有人表示懷疑。但不管怎麼說，誰都不可否認，在高獲利的背後隱藏的是高風險。那些只看到一夜暴富就想參與其中的人，一不小心就會掉到「陷阱」裡，等到大夢初醒，才知神話只是神話，想要創業還得踏踏實實，知己知彼，方能百戰百勝。

那麼，加盟創業的陷阱都有哪些呢？下面我就來為您一一分析下。

1. 行業不具「錢景」

創業首先得選對行業，在投資之前一定要仔細評量清楚，究竟想要投身的行業是否具有廣闊的發展前景。如果這個「行業」是屬於民生必需而非一時流行，而且正處於成長期，則表明目前的競爭對手還不是太多，而且未來整個市場的成長空間也很大，那麼就不要再猶豫了，越早投入，獲利的空間也就越大，當然賺錢的機率也就越高。反之，如果該專案已經走過成長期而進入競爭期，市場已經趨於飽和狀態，則創業者在加入之前就應當多加小心了。

2. 總部的經營 Know-How 不足

Know-How，指的是專門技能或技術訣竅，在西方被視為「王牌技術」的象徵。一般來說，連鎖加盟的總部需要具備的 Know-How 相當多，包括商品的開發與管理、商圈的經營、行銷與廣告宣傳活動、人員的招募與管理、財務的規劃與運作等等。而有的總部甚至沒有開設直營店，根本不具備店務經營管理的 Know-How，也就不能協助加盟創業族妥善長期經營店務。

3. 加盟總部過於強勢

在沒有簽下加盟合約之前，許多總部的業務人員都非常殷勤，因為他們要賺獎金。可是等到簽約之後，因為要給加盟店提供相應的服務，工作繁瑣而且還沒有獎金，這時就會擺出盛氣凌人的架勢，嫌創業者經驗不夠等等，總之一臉的不耐煩。此外，有些總部在合約上有很多限制，且單方面對總部有利，甚至有一些條文是違法的。大多創業者因為經驗不足，再加上急於想要創業，於是便落入「陷阱」。建議創業者在簽約之前多走訪幾家加盟店，在了解總部簽約之後的服務與總部人員的態度之後，再簽約不遲。

4. 總部財務結構不健全

總部財務結構是否健全，從外表是沒法看出來的。教你一種最簡單的測試方式，在加盟簽約時，看要支付給總部的履約保證金是要求現金、商業本票還是不動產抵押設定。許多成立時間不長的加盟總部由於財力單薄，資金壓力大，所以要求加盟店提供的履約保證是現金。可是由於財務結構不夠健全，導致周轉不靈而倒閉的加盟店並不少見，遇到這種情況，加盟主可能連保證金都無法拿回。建議創業者在選擇加盟店時，除了向同業之間打聽之外，最好選擇以不動產抵押設定的方式提供履約保證。

5. 總部缺乏「應變能力」

任何商品都有它的生命週期，如果加盟總部不具備商品開發的應變能力，當現有的商品組合走到衰退期，不能滿足消費者求新求變的需求時，加盟店的生存能力就會受到嚴重影響。

6. 總部獲利計算模式不清晰

許多加盟總部為創業者提供的參考獲利計算模式只有一種呆板制式的演算法，不能針對不同的經營規模、不同的商圈環境，提供各種不同的可能營收分析評估。很顯然，這種計算模式使創業者無法對將來可能產生的收入、費用及盈虧狀況進行準確計算。而且，為了用高利潤吸引加盟者，總部通常不把實際營運時所會發生的開辦費用、租押金、營運周轉金等列入公式中來計算。這一點創業者必須注意，正確的經營觀念必須要收入低估、費用高估、準備預留 3 ～ 6 個月的營運周轉金，這些都應當列入營運計畫的資金流量計算中。

7. 加盟體系發展過快

有些加盟總部因為一炮而紅，導致加盟店數急劇擴增，因此需要不斷搬遷大的辦公室、廠房，不斷增加人手、增購機器設備、大打廣告等等。擴充規模太快，除了需要投入大量資金之外，還會因為規模不經濟的因素造成一段時間的虧損，部門及人手的增加也會產生溝通協調不良等狀況，作業的錯誤會增加、效率也會降低。因此創業者要注意，當所加入的連鎖總部存在這些現象時，很可能馬上會陷入上述「總部財務結構不健全」的惡性循環。

8. 總部經營團隊不專心

有些加盟總部自身就對行業的前景缺乏信心，因此雖然現有體系還在持續擴展，但又轉投其他事業或發展其他品牌，因此創業者在選擇要加盟的物件時，應該多了解一下負責人對於事業發展的未來規劃，以及他所投入的重點是否與本業相關。如果發現其真正的興趣並不是在本業上，那麼就該慎重考慮是否還要加盟了！

專家出招

問：我同學一直想開一家連鎖加盟店，啟動資金都準備妥當了，可就是不知道選擇哪一個行業才好。各種加盟店的廣告說得天花亂墜，讓人不敢太相信。請問，做加盟店在選擇行業和品牌上，有哪些地方需要注意？

答：

　　選擇一個正確的加盟專案，無疑會帶來一個好的開端。在選擇專案之前，首先要問問自己的優勢是什麼，劣勢是什麼。就行業和品牌的選擇來說，一般可以採用以下幾種方法：

◆ 注重市場調查、市場的分析預測

　　仔細考察當地同行業的店鋪生意狀況如何，在一個好的行業市場背景下順勢而為，將會比逆勢而上更能輕鬆創業致富。

◆ 盡量選擇自己熟悉的行業和掌握相關知識的行業

　　如果由於各種原因，無法選擇自己所熟悉的行業進行創業，那麼就選擇一個能在自己開店、經營的過程中給予強大支援的連鎖加盟總部。

開網店，貨源才是關鍵

線上開店很簡單，但能否賺錢就不好說了。面對數目龐大的競爭者，要保證自己的商品具有獨特的賣點，才有機會獲得成功。由此可見，好的貨源是一個網店能否成功的關鍵。創業者決定要開網店的時候，首先應該想好自己從哪裡找到貨源，這是成功的第一步。尋找合適的貨源，有兩個主要途徑。

1. 網路途徑

(1) 利用網路搜尋引擎

在搜尋網站輸入類似「服飾批發」、「最大服飾批發」、「最大服裝服飾批發」等關鍵字，來搜索貨源商家。這些供應商的優勢在於直接由廠商供貨，具有較穩定的貨源。不足之處就是他們已經做出名聲了，訂單較多，服務難免有時就跟不上。而且他們都有固定的回頭客，初次合作很難和他們談條件，除非多次合作之後，成為他的一個大客戶，才有可能享受特別的優惠或者折扣。比較糟糕的是，這些供應商的發貨速度和換貨態度都很難讓人滿意。

(2) 網店代銷

網路代銷就是將商家的產品圖片和產品相關介紹等資料在網路上展示出來，向賣家收取定貨資金，再給商家一定的資金，讓他發貨，然後代銷者從中賺取其中的差額。網路代銷的好處是：首先，幾乎不需要什麼資金投入，比較適合新賣家和小賣家;其次，不需要準備倉庫，不用自己負責物流，商家會在收到定金和資料後直接發貨給買家，省了郵寄的麻煩；再次，省去了拍商品照、介紹商品的麻煩，通常從商家那拿到的商品圖片都比較好，也更容易吸引買家。

其缺點就是，網路代銷不能直接接觸商品，所以對商品品質、庫存和售後服務缺乏把握。建議在挑選的時候要找一些比較正規的公司，根據自身的要求選擇最合適的。

2. 現實途徑

(1) 從批發市場進貨

一定要多跑地區性的批發市場，這樣不但可以熟悉行情，還可以拿到很便宜的批發價格。同時，要與批發商建立好關係，在關於調換貨的問題上講清楚，以免日後起糾紛。批發市場進貨的商品比較多，品類數量也很充足，挑選餘地比較大，而且進貨時間和進貨量都比較自由，很適合兼職賣家。

(2) 廠商貨源

正規廠商的貨源充足、態度較好，長期合作的話還能爭取到滯銷換款。但是一般來說，正規廠商的起批量比較高，只適合那些量大的買家，一旦談妥，利潤非常可觀。

(3) 剛剛起步的批發商

這類批發商由於剛起步，既缺乏固定的客戶，又沒什麼知名度。為了爭取客戶，他們的起批量較小，價格一般不會高於甚至有些商品還會低於大批發商。而且為了爭取回頭客，他們的售後服務一般比較好。不足之處是，因為是新的批發商，其誠信度有待仔細考察。

(4) 關注外貿產品或代工生產產品

許多工廠在外貿訂單之外或者為一些知名品牌代工生產後，會有一些剩餘產品要處理，價格非常便宜，通常只有正常價格的兩到四折，是一個不錯的進貨管道。

(5) 尋找特別的進貨管道

如果你在國外有親戚朋友，可以請他們幫忙進一些國內市場上很少看到或價格較低的商品。

專家出招

問：有開網店經歷的朋友告訴我，線上開店最重要的是找到一個可信的供應商，這樣就等於成功了一大半。請問，對於一個新手來說，如何才能得到供應商的支援呢？

答：

一般來說，有兩個因素會影響到供應商對你的態度。其一，你首次進貨的金額。如果你首次進貨金額太少，供應商會認為你是一個沒有實力的賣家，要不然就認為你對他的產品信心不足；其次，你補貨的頻率。假如你經常需要補貨，即使數量並不多，供應商也會認為你的貨物周轉較快，和你合作能夠為他帶來長期的效益。一旦對你有此印象，他就會在新貨上架時盡快通知你，而且在你下次進貨的時候，可能會主動把價格調整一下，給你一些優惠。另外，假如供應商認為你是他的一個重要客戶，一般都會向你透露近期有哪些商品比較熱銷。掌握這些資訊之後，你對市場和客戶的判斷就會更加準確。

電子書購買

爽讀 APP

國家圖書館出版品預行編目資料

錢包自救手冊，存款、消費與保險的理財祕技：十二存單法 × 貸款優惠 × 炒金時機 × 團購交易，財富源源不絕的關鍵 / 喬友乾，才永發 著 . -- 第一版 . -- 臺北市：財經錢線文化事業有限公司，2024.11
面； 公分
POD 版
ISBN 978-626-408-045-3(平裝)
1.CST: 個人理財 2.CST: 投資
563 113015776

錢包自救手冊，存款、消費與保險的理財祕技：十二存單法 × 貸款優惠 × 炒金時機 × 團購交易，財富源源不絕的關鍵

臉書

作 者：喬友乾，才永發
發 行 人：黃振庭
出 版 者：財經錢線文化事業有限公司
發 行 者：財經錢線文化事業有限公司
E-mail：sonbookservice@gmail.com
粉 絲 頁：https://www.facebook.com/sonbookss/
網 址：https://sonbook.net/
地 址：台北市中正區重慶南路一段 61 號 8 樓
8F., No.61, Sec. 1, Chongqing S. Rd., Zhongzheng Dist., Taipei City 100, Taiwan
電 話：(02) 2370-3310 傳 真：(02) 2388-1990
印 刷：京峯數位服務有限公司
律師顧問：廣華律師事務所 張珮琦律師

定 價：420 元
發行日期：2024 年 11 月第一版
◎本書以 POD 印製